Andrea Ensmann

Wege zum Mut in dir

Dein Leben – deine Regeln

Freya Verlag –
unabhängig, familiengeführt, subventionsfrei, werteorientiert, grundsatztreu

Seit über 30 Jahren veröffentlichen wir Bücher, die unseren Überzeugungen entsprechen und ausschließlich einen positiven Beitrag für Mensch, Tier und Umwelt leisten.

Werden Sie Teil unserer Verlagsfamilie – wir wünschen Ihnen viel Freude mit diesem Buch.

www.freya.at

ISBN 978-3-99025-516-2
© 2025 Freya Verlag GmbH
Alle Rechte vorbehalten

Layout: Cover freya_art, Wolf Ruzicka
Kern: freya_art, Mag. Regina Raml-Moldovan
Lektorat: Mag. Dorothea Forster
Fotos: Andrea Ensmann, Wolfgang Wutzl Coverfoto und S. 259

printed in EU

Andrea Ensmann

Wege zum Mut in dir

Dein Leben – deine Regeln

Inhalt

ERSTER TEIL

ERWACHE
Wandel 39

DEIN TAG BEGINNT
Dankbarkeit 43

ERLAUBE DIR ZU FÜHLEN
Achtsamkeit 53

NIMM AN, WAS IST
Mitgefühl... 60

MACH DEIN DING
Mut 69

ZWEITER TEIL

DRITTER TEIL

VIERTER TEIL

*Das Leben ist eine
große Reise.*

*Warum nicht
jeden Tag so leben,
als wärst du
auf einer Reise.*

VORWORT

Ich saß an meinem Arbeitsplatz in einem Vorzimmerbüro bei einer Versicherung in Wien und musste wieder einmal Excel-Listen befüllen. Dringend. Am besten schon gestern erledigt und abgegeben. Wozu der Report gebraucht wurde und was damit gemacht wurde, das erfuhr ich nicht. Ich hatte das Sheet auszufüllen. Nicht zu hinterfragen.

Ich drehte mich um, schaute auf die Pinnwand. Ausgeschnittene Bilder von Ländern, die ich noch sehen, und Berggipfeln, die ich noch besteigen wollte, glänzten mir entgegen. Ich seufzte. Dort wäre ich jetzt gerne. Am liebsten für immer oder zumindest für längere Zeit. Schweren Herzens riss ich mich von dem Anblick los und starrte wieder auf den Bildschirm, legte meine Hand auf die Maus und klickte in ein Balkendiagramm.

Jahre verstrichen.

Plötzlich war ich 33 und mein Leben war ein Scherbenhaufen. Meine achtjährige Beziehung zerbrochen und unglücklich im Job, als Assistentin des Marketingleiters. All das obwohl ich gerade mein wichtigstes Ziel geschafft hatte. Den Abschluss des berufsbegleitenden General-Management-Studiums an der Donau-Universität Krems. Ich hatte jetzt einen Titel: MBA. Gratulation. Aber ich war ohne Glücksgefühle, Lebensfreude, Begeisterung.

Dass ich Karriere in einer Stadt machte, das war mir in meinem Elternhaus nicht in die Wiege gelegt worden. Aufgewachsen bin ich auf einem kleinen Biobauernhof mit zwei Schwestern und einem Bruder. Körperlich harte Arbeit am Feld war unser tägliches Dasein. Heu ernten. Gemüse anbauen. Holz machen. Viel Zeit für spannende Abenteuer blieb mir in meinen Ferien nicht. Ich hatte mitzuhelfen, denn jede Arbeitskraft war gefragt.

Zugegeben, ich mochte die meisten Tätigkeiten richtig gerne, denn ich liebte die Natur. Obwohl ich im Sommer schon lieber öfter im Freibad mit meiner Freundin gewesen wäre.
  In der Schule oder auf dem Schulweg wurde ich oft gehänselt. Gemobbt. Ausgespottet. Ich traute mich nichts zu sagen und schwieg über all die Grausamkeiten. Es folgte eine Lehre zur Köchin und Restaurantfachfrau. Immerhin musste ich selbstständig werden und mein eigenes Geld verdienen. Ein Studium war nicht drin.

Damals hatte ich viel Groll in mir. Wut. Hass. Auf meine Eltern, die mir nichts erlaubten und mir alles vorgaben, was ich zu machen und wie mein Weg auszusehen hatte. Geld verdienen, dann heiraten und Kinder bekommen. Sie meinten es nur gut mit mir. Das weiß ich heute und ich konnte vergeben und verzeihen. Meinen inneren Frieden finden.

An meinem Lebenstiefpunkt wurden mir die Augen geöffnet und ich sah Menschen, die es noch viel schlimmer erwischt hatten als ich. Sie waren heimatlos. Ich begann, freiwillig für obdachlose Menschen in Wien zu kochen. Dort wurde mir bewusst, wie schnell es gehen kann, um auf der Straße zu landen. Ich hörte zu. Lauschte ihren Stories.

Die Gespräche ließen mich erkennen, dass ich nicht länger Opfer sein wollte. Ich wollte nicht dauernd damit hadern, dass mir niemand half, wie arm und allein ich war. Ich wollte es nicht so weit kommen lassen, diesen einen Schritt in die Hoffnungslosigkeit zu machen. Ganz unten zu landen. Obdachlos.

Hinfallen. Aufstehen. Krone richten. Weitergehen.

Ich fing an, mich mit Persönlichkeitsentwicklung zu beschäftigen. Kaufte Bücher und saugte Wissen ein. Dann übte ich mich in Meditation. Achtsamkeit. Entspannung.

Mein Ziel wurde immer klarer Ich wollte künftig jeden Tag als einen Urlaubstag sehen und als einen Tag des Genusses. Der Freude. Des Glücks. Als ob ich auf einer lebenslangen Reise wäre.

Als ich an einem Mittwochabend durch die U-Bahnstation am Westbahnhof schlenderte, wurde ich von Klängen angezogen. Ein junger Mann mit Dreadlocks bis zum Popo spielte auf seiner Ukulele. Rocky Leon. Sein Look hat mich nicht angezogen, denn ich stolzierte mit High Heels und Businessklamotten herum. Aber er strahlte eine innere Zufriedenheit aus und leuchtete förmlich aus allen Poren. Als ob sein Leben richtig Spaß machte. Das war der Grund, warum ich stehen blieb. Ich war fasziniert, denn er sang aus vollem Herzen: *Quit my job.*

Ich fühlte mich verbunden. Er kannte meine Leiden, Schmerzen und Enttäuschungen. Auch meine Sehnsüchte. Träume. Wünsche. Er gab mir durch sein Dasein den notwendigen Schubs, um Mut zu bekommen. Um auch für meine Träume loszugehen und mich nicht aufhalten zu lassen von meiner Familie, Freunden oder Kollegen. Die Begegnung mit Rocky Leon war die Antwort auf eine Frage, die ich mir schon lange stellte. Soll ich meinen gut bezahlten Job kündigen? Ich schaute mir Zuhause dann die Lyrik von *Quit my job* an, da wusste ich es. Ja. Kündigen. Ich bekam ein Zeichen

Den Erkenntnissen der Neurowissenschaft zufolge sind im Menschen mehr als hundert Milliarden Nervenzellen im Gehirn verankert. Uns machen aus: Gedanken. Träume. Erinnerungen. Hoffnungen. Gefühle. Fantasien. Ängste. Fähigkeiten. Gewohnheiten. Freuden und Leiden. Neuronale Schaltkreise lassen uns Gefühle wie Schmerzen wahrnehmen und je intensiver ein Erlebnis, desto tiefer das erlebte Gefühl. Das dann unseren bis zu hundert Billionen empfindsamen Zellen im Körper anhaftet. Bis wir loslassen.

Eine ins Leben, sangen Pizzera & Jaus, das wurde zu meinem Lebensmotto. Ich flog alleine für drei Wochen nach Marokko. Dort lernte ich Jawad im Bus kennen und wurde von seiner Familie zum Essen eingeladen. Ich war berührt von der Gastfreundschaft und als ich zuhause war, organisierte ich eine Kinderschuh-Sammelaktion. Ich sah, dass arme Menschen durch ihr Geben reich sind. Das wollte ich auch werden. Nach diesen Werten wollte ich künftig leben. Reich an Dankbarkeit. Wertschätzung. Güte.

Die Businesswelt wurde mir zusehends bedeutungslos und fremd. Zahlen, Daten und Fakten hatten mein Leben bestimmt und kontrolliert. Was war mit Mitgefühl? Dem Ruf des Herzens folgen? Vertrauen?

In meiner Teenagerzeit war nächtelanges Besaufen, Feiern und Kiffen in. Das war für mich normal. Ich sah damals nichts anderes und war ständig umgeben von Alkohol und Drogen. Auf dem Land. In einem kleinen Ort, mit nicht einmal 3000 Einwohnern.

Die gewohnte Umgebung zu verlassen, hat mir neue Ideen gebracht, mir gezeigt, was alles möglich ist. Damals wie heute. So fasste ich mit 34 Jahren den Mut, kündigte meinen Job und machte mich auf eine Open-end-Reise.

Ich hatte erkannt, dass es mehr gibt, etwas Größeres – ES. Und ich lernte Demut. Genauer gesagt: De-Mut. Was für mich Mut zu Gott bedeutet, zur Anerkennung und zum Glauben an eine göttliche Kraft und Energie. Obwohl ich kein religiöser Mensch bin und keiner Glaubensrichtung angehöre. Auch keiner politischen Partei.

17 Monate erlaubte ich mir, nur zu reisen. Ich kannte es nicht, das Nichtstun. Nur im Sein zu leben und mich treiben zu lassen. Auf die Zeichen zu achten, auf mich zu hören und alle Entscheidungen für mein Leben allein zu treffen.

Ich beschäftigte mich ausschließlich mit der Macht der Gedanken und Gefühle. Wie wir Menschen im Einklang mit dem Universum leben. Nicht nur auf spiritueller Ebene, sondern auch auf wissenschaftlichem Gebiet. Das Unangreifbare wurde für mich greifbar. Das Erlebte logisch. Zusammenhänge ließen sich erkennen und Gedankenketten aneinanderreihen.

So kam es, dass ich meine Reise durch La Gomera und Spanien in Israel fortsetzte. Von dort reiste ich weiter nach Jordanien,

Ägypten, in den Sudan und nach Äthiopien. Fünf Länder, fünf Monate. Ich wanderte zwischen Liebe, Zweifel und Lebensgefahr. Mehr in meinem Roman *Den Mutigen gehört das Lebensglück*. Ich wusste, wenn ich es schaffte, in meiner Mitte zu bleiben, dann konnte mir nichts passieren. Geführt, beschützt und geborgen fühlte ich mich. Und all das in einer fremden und unsicheren Welt.

In Äthiopien vernahm ich den Ruf, dass es Zeit war, zu meinen Wurzeln zurückzukehren. Nach Österreich. Es entstand der Wunsch, ein Buch zu schreiben, um die Weisheiten aus den fernen Ländern mit anderen zu teilen und weiterzugeben, was ich auf meiner Reise erfahren hatte dürfen. In Dankbarkeit.

Wieder daheim machte ich eine Ausbildung zur diplomierten Neuromentaltrainerin. Ich war voll Faszination dafür, wie Gedanken und Gefühle unser Tun bestimmen. Das fesselte mich so sehr, dass ich jetzt mein Wissen über die erlernten mentalen Tools und erprobten Techniken auf der Reise weitergeben möchte. Erkenntnisse, die auch dir den Lebensweg erleichtern können, um besser mit deinen Herausforderungen umgehen zu können.

Der Locker-Luftig-Leicht-Weg zeigt einen neuen Blickwinkel. Eine andere Herangehensweise an das Leben. Es ist eine Art Rebellion, querdenken, ausmisten, verabschieden, entdecken, erforschen. Konzentriertheit und Durchhaltekraft. Mit dem Ziel: frei zu denken. Frei von Hass, Neid, Gier, Angst, Leid oder Schmerzen. Wieder dir selbst zu vertrauen und an dich zu glauben. Denn im Grunde wollen wir alle nur eins: gesund, glücklich und frei sein.

HAPPY BIRTHDAY ZUM 86ER

Das Geheimnis des Glücks ist,
statt der Geburtstage die Höhepunkte
des Lebens zu zählen.

_ Mark Twain

Die Sonne scheint warm auf meine Haut und kein Wölkchen ist am Himmel zu sehen. Ein wunderschöner Junitag. Kinder lachen und laufen in der Wiese herum. Chill-Out-Lounge-Musik spielt aus den Boxen und der Duft von Gegrilltem liegt in der Luft. Hähnchen. Maiskolben. Gebratener Käse. An den mit Sonnenblumen gedeckten Tischen im Garten plaudern meine Gäste. Ich winke meiner kleinen Schwester, nehme das Sektglas und proste ihr zu.

Jemand tippt mir auf die Schulter. »Komm mit. Wir tanzen jetzt Limbo«, sagte Olivia, die vierjährige Enkelin eines Freundes aus Tasmanien, und nimmt mich an der Hand.

Ich lache. »Unbedingt«, glucke ich, »los geht's.« Schon schwinge ich mich aus meinem Gartensessel und folge ihr zu den mächtigen Eichen im Garten.

Roman, mein bester Freund seit ich 17 war, grinst mich an und zieht mich an der Schulter zu sich. »Jetzt kannst du zeigen, was du draufhast.«

Aus dem Lautsprecher schallt der Limbo Dance. Meine Familie, Freunde und Weggefährten aus aller Welt haben sich um die Stange versammelt und klatschen mit Begeisterung.

»Yeah. Geburtstagskind. Los geht's«, ruft mir Eva zu.

Ich schwinge leicht meine Hüften hin und her. Groove mich ein. Nicht mehr so wild, wie ich es mit 16 in der Disco getan hatte. Denn es ist ja auch mein 86er Geburtstag heute. Ich lege los und schon tanze ich unten durch. Es wird gelacht und gejubelt. Alle sind live dabei.

Den Augenblick leben. Den Moment genießen. Einfach nur sein.

Es mag sich ungewöhnlich für dich anhören. Wer will jetzt schon an seinen 86. Geburtstag denken? Wie der stattfinden soll. Mit wem. Wo. Komische Fragen, wenn du vielleicht gerade erst einmal mitten im Leben stehst und an deinen ersten Stationen angekommen bist.

Ich bin ein Fan vom Leben im Augenblick und doch ist es für mich wichtig, gedanklich in die Zukunft zu reisen. Wir wissen zwar alle nicht, was sie uns bringen wird. Und das mag uns oft Kopfzerbrechen machen. Aber eines ist gewiss: Du entscheidest, wie du dein Leben rocken willst. Wie du mit Veränderungen umgehst, mit Herausforderungen oder Schicksalsschlägen.

»Ohne Gefühle gibt es keine Erinnerung«, sagt der Psychologe Hans J. Markowitsch von der Universität Bielefeld. Wir Menschen sind so programmiert, dass wir uns mit Feuereifer an negative Erfahrungen erinnern, viel stärker an das, was alles schiefgegangen ist, als an die freudvollen Ereignisse. Leiden, Schmerzen, Ängste versus Glück, Lebensfreude, Dankbarkeit. Damit wir uns vor ähnlichen Situationen schützen, um nicht zwei Mal den gleichen Fehler zu machen. Der Griff auf die heiße Herdplatte. AUTSCH.

Larry Cahill vom Center for the Neurobiology of Learning and Memory, University of California in Irvine, hat 1996 herausgefunden, dass Ereignisse, die mit starken Emotionen und Gefühlen verbunden sind, länger im Gedächtnis bleiben. Die Hochzeit des besten Freundes, die Beerdigung der geliebten Oma. Als wäre es erst gestern gewesen. Während die Tage ohne großartige Erlebnisse schnell verblassen und wir uns nicht mehr wirklich an etwas erinnern können. Und das ist gut so, denn sonst bräuchten wir wahrscheinlich einen Kopf, so groß wie der Bauch von Obelix.

Als ich von meiner Reise aus dem Sudan zurückkam, erzählte ich meiner Freundin von den vielen Glücksmomenten und von den wunderbaren Begegnungen mit Menschen und den Einladungen, denen ich gefolgt bin. Ich strahlte vor Freude darüber, das alles erlebt haben zu dürfen und spürte diese schönen Gefühle gleich wieder in meinem Körper. Mit der Schilderung tauchte ich ein, als ob ich es gerade wieder erleben würde. Ich schwebte in Erinnerungen.

Als ich ihr von den negativen Erlebnissen erzählte, von dem, was ich im Spital oder bei den Demonstrationen erlebt hatte, veränderte sich meine Stimmung. Ich erzählte nur oberflächlich, ohne großartig wieder in die Szenen einzutauchen, merkte aber, dass sie viel mehr damit anfangen konnte. Sie konnte gut nachvollziehen, wie schlecht ich mich fühlte und welche Ängste ich durchlitten hatte. Aufgefallen ist mir außerdem, dass sie nur die gefährlichen Situationen weitererzählte. Oder Phasen, in denen es mir gar nicht gut ging und ich krank war.

Unsere Gedanken und Gefühle bestimmen unser Tun oder auch Nichtstun.

Du entscheidest, was du in dein Leben ziehen und in welcher Energiefrequenz du dich aufhalten möchtest. Und auch, wie lange. Viel Zeit in negativen Gedanken und Gefühlsschwingungen zu verbringen, macht uns depressiv und krank. Unser Immunsystem spielt da nicht mit. Wir leiden und haben Schmerzen. Große Wolken, Gewitter und warme Luft nach oben lassen einen Tornado entstehen. Er hebt Hausdächer an und reißt alles – von Staub bis Autos – in die Höhe. Wir hoffen, dass er bald vorbeizieht. Wie unsere körperlichen Symptome.

Um gesund zu bleiben, jeden Tag genießen zu können, und das bis zum 86. Geburtstag, heißt es: den Muskel Gehirn zu trainieren, die Denkweise zu ändern und auch die Körpermuskeln zu kräftigen. Geist und Körper sind eine Einheit und stehen in Wechselwirkung zueinander, wie Ebbe und Flut.

Du wirst zu dem Menschen, mit wem und mit welchen Werten du dich umgibst.

Jeder wird in bestimmte Verhältnisse hineingeboren und hat dort seine Erfahrungen zu machen. Ein Leben voller Luxus à la Paris Hilton oder ein Großwerden in den Favelas in Rio de Janeiro. Wie wir aufwachsen und wo, das prägt unser Leben. Wurden wir gelobt? Unterstützt? Oder nur kritisiert und runtergedrückt? Unsere größten Vorbilder als Kind – unsere Eltern oder Erziehungsberechtigten – lebten uns ihre Werte vor. Wir glaubten als Kind alles, vertrauten blind und schauten zu ihnen auf.

Auch die Schule hatte großen Einfluss auf uns. Welche Fächer unterrichtet und was uns dort an Werten vermittelt wurde. Kreativität. Kultur. Weitsicht.

Je mehr High-Society-Quatsch, aggressive Videospiele und schlechte Nachrichten wir konsumieren, desto mehr leben wir Werte wie Neid, Missgunst, Rivalität, Unzufriedenheit. Die Medien haben großen Einfluss auf unsere Gedanken. Daher schaue nur gezielt Nachrichten, filtere bewusst aus und dein Leben wird sich elementar verändern.

Die äußere Umgebung nimmt viel Einfluss auf uns. Schaue dir einmal an, welche Werte dich prägen, woher sie stammen und ob du noch zu 100 Prozent dazu stehst.

Weg von: Wer möchtest du nicht mehr sein? Hin zu: Wer möchtest du sein?

Viktor E. Frankl, Protagonist der sinnzentrierten Psychotherapie, versteht den Menschen als ein nach Sinn strebendes Wesen, ein Wesen, das diesen Sinn letztlich in Freiheit und Verantwortung findet.

Werte sind Wegweiser im Leben. Werte sind der Kompass unseres Lebens. Werte sind das Navigationsgerät, von dem wir uns lenken lassen. Mit unseren Werten schließen wir Freundschaften, treffen gute Entscheidungen und richten unsere Aufmerksamkeit auf das Wesentliche. Sie leiten uns: Wer wir sein wollen, wie wir mit uns selbst und anderen Menschen umgehen. Sie können als treibende Kraft hinter Zielen gesehen werden und sind nicht in Stein gemeißelt. Denn sie verändern sich laufend. Mit uns und mit dem, was uns im Leben wichtig ist.

Letztlich geht es darum, unserem Leben aktiv einen Sinn zu geben. Unser privates und berufliches Leben sinnorientiert zu gestalten. Uns zu verwirklichen und uns auf diesem Weg selbst besser kennenzulernen.

Wenn wir unsere Werte nicht kennen, ein wertleeres Leben führen, verlieren wir uns ganz schnell selbst. Sinnfragen tauchen auf: Wozu mache ich das eigentlich? Warum arbeite ich eigentlich den ganzen Tag? Weshalb tue ich eigentlich das, was ich tue?

Je weniger wir die Antworten auf diese Fragen haben, desto weniger Sinn finden wir oft im Leben. Der Alltag ist emotions- und beziehungsloser zu uns selbst, und deshalb auch zu anderen Menschen.

Die Welt als einen Kreislauf sehen. Alles hängt zusammen und nichts passiert unabhängig voneinander.

Ohne klare Werte haben wir oft Sinnkrisen, und das kann zu Unzufriedenheit, Frustration, Depression und Krankheit führen. Wir entscheiden uns damit gegen ein erfülltes, gesundes Leben. Nur wenn wir im Einklang mit unseren Werten leben, führen wir ein sinnerfülltes Leben.

Mit Hilfe von Werten fällt es uns leichter, uns mit den richtigen Menschen zu umgeben, Vorbildern, die so sind, wie wir sein wollen. Oder das zu tun, was wir tun wollen. Denn die Persönlichkeiten, mit denen wir uns umgeben und beschäftigen, prägen unser Leben.

Ein erster Schritt, um zu einem gesunden und glücklichen Menschen zu werden, ist die Party-7-Technik.

PARTY-7-TECHNIK

AUSRÜSTUNG:
- 1 leeres Blatt Papier
- 1 Stift

WEGWEISER:
1. Lade in deinen Gedanken sieben Menschen zu deiner Geburtstagsparty ein, die du bewunderst. Freunde. Verwandte. Kollegen. Vorbilder. Sie können aktuell auf dem Planeten leben oder schon gestorben sein. Mit wem möchtest du an deinem Geburtstagstisch sitzen? Es gibt keine Grenzen, denn alles ist möglich. Teile das Papier in sieben Spalten ein und schreibe die Namen der Personen, die dich inspirieren, hinein.

2. Welche Werte leben sie? Was gefällt dir besonders an ihnen? Schreibe ein bis drei Eigenschaften neben den Namen, für die jeder einzelne steht. Was du an der Person schätzt und cool findest.

3. Das ergibt sieben bis 21 Werte. Umkreise drei bis fünf, die dir besonders wichtig sind. Das sind deine eigenen Werte.

Wenn du nicht allein sein willst, dann umgib dich mit Menschen, die in dein Wertesystem passen. Finde eine Gemeinschaft, die dir spiegelt, wer du bist und wie du leben möchtest.

Als mir klar war, dass ich eine längere Reise machen will, habe ich mich mit Leuten umgeben, die das schon gemacht hatten, unterwegs waren oder es gerade vorhatten. Wenn ich mit diesen Personen oder Gruppen zusammen war, habe ich mich gut gefühlt. Sie inspirierten und motivierten mich.

AUFGABE:

Schaue dir an, mit wem du dich umgibst.

Schreibe fünf Tage lang auf, mit wem du die meiste Zeit verbringst. Welche Werte teilen diese Personen mit dir? Decken sich deren Werte mit deinen eigenen?

Es gibt Untersuchungen, die ganz klar zeigen, dass unser Umfeld auf uns abfärbt. Wir übernehmen oft unbewusste Verhaltensmuster, die Art zu sprechen oder die Denkweise von Menschen, mit denen wir häufig Zeit verbringen.

Das und womit wir unseren Verstand füttern sowie mit wem wir uns umgeben beeinflusst unsere Werte. Wir sind nicht nur unser Verstand, aber unser Verstand ist der Umsetzer dessen, was wir wirklich von Herzen wollen. In einer Umgebung mit Gleichgesinnten ist es einfacher, an Werten festzuhalten, Träume zu realisieren und Ziele zu erreichen.

STARTE MIT WHY

Das, was du bist, zeigt sich an dem, was du tust.

_ Thomas A. Edison

Warum tun wir, was wir tun? Was ist unser WHY? Getrieben von einer Ursache, handeln wir von innen heraus. Erfolgreiche Unternehmer und Persönlichkeiten kennen ihr WHY. Steve Jobs. Walt Disney. Oprah Winfrey. Sie denken, handeln und kommunizieren in ähnlicher Weise. Von innen nach außen.

Nur wenn wir wissen, wie unser Gehirn funktioniert, wie wir lernen und warum wir uns so verhalten, wie wir uns verhalten, können wir mit Veränderungen leichter umgehen und sie mit einem Lächeln meistern.

Die komplizierteste Struktur im Universum ist unser Gehirn. Sie kommt ohne Gebrauchsanweisung aus und nimmt nur zwei Prozent unseres Körpergewichtes ein, verbraucht aber circa 20 Prozent des Sauerstoffes. Manche Menschen haben schnell herausgefunden, dass sie ihr Hirn immer mit dabeihaben und wie sie es gebrauchen können. Sie sind erfolgreicher als andere. Es scheint, als würden sie von einer unsichtbaren Hand geführt. Vom Leben nur so geküsst, regelrecht niedergeschmust. Schon wieder auf der Straße Geld gefunden, ein unschlagbares Jobangebot bekommen, den richtigen Leuten für den Karriereweg begegnet. Ein Geheimnis? Nein. Von jedem Gehirnnutzer planbar. Stimmen unsere Gedanken und Gefühle überein, dann ziehen wir solche Ereignisse ins Leben. Vorausgesetzt, dass wir wissen, was wir wollen.

Unser Gehirn ist auch im Schlaf ein Hochleistungs-Rechenzentrum. Naturgesetze und Logik gelten im Traum nicht mehr und merkwürdige Dinge können passieren. Wir gelangen ins Reich der Götter, treffen verstorbene Angehörige, schweben auf anderen Planeten oder haben wilde Verfolgungsjagden. Der Neurowissenschaftler Martin Dresler, der am Donders Institute in den Niederlanden und am Max-Planck-Institut für Psychiatrie in München forscht, hat herausgefunden, dass im Traum vor allem die Bereiche des emotionalen Empfindens, der visuellen Wahrnehmung und der Motorik aktiv sind.

Use it or lose it. Was wir brauchen, wird besser, was wir nicht benötigen, wird eliminiert. Wir sind das, was wir oft tun. Wiederholen. Üben. Üben. Üben.

Wohin geht die Reise? Was willst du in dein einzigartiges Leben ziehen? Was wolltest du schon immer mal machen? Das Leben in zehn Lebensbereiche einzuteilen, hat meine Sichtweise komplett verändert. Zehn Lebensbereiche, die unser menschliches Sein bestimmen. Es hat Struktur in meine wild durcheinandergewürfelten Träume, Wünsche und Sehnsüchte gebracht. Ich konnte sie anschauen und vor mir sehen. Das hat mir Druck genommen und Leichtigkeit vermittelt.

BEGIN-OF-LIFE-CHART

AUSRÜSTUNG:
- · 1 großes Blatt Papier (A3) oder ein Plakatbogen
- · 1–2 Pkg. bunte Haftnotizen (Post- ts)
- · 1 Stift (ev. farbige Plakatstifte)

WEGWEISER:

1. Gehe an einen für dich inspirierenden Ort. Das kann ein ruhiger Platz in der Natur sein oder auch ein belebter Platz in deinem Lieblingscafé.

2. Schreibe die aktuelle Jahreszahl und die der nächsten zwei Jahre auf Post-its und klebe sie oben nebeneinander aufs Papier.

3. Nun schreibe die folgenden zehn Lebensbereiche auf je ein Post-it.

   Zuhause und Wohnort / Familie, Partnerschaft und Freunde / Gesundheit, Fitness und Ernährung / Berufliche Erfüllung / Abenteuergeist und Urlaub / Geld und Finanzen / Kindsein und Kreativität / Glaube, Werte und Sinn / Soziales Engagement und Zurückgeben / Alltagsmanagement

4. Sortiere die Bereiche nach einer Reihenfolge, die dir derzeit richtig erscheint. Den wichtigsten Bereich an erster Stelle. Den unwichtigsten zum Schluss. Klebe sie auf der linken Seite mit etwas Abstand untereinander auf das Papier.

5. Brainstorming: Schreibe deine Wünsche auf, jeden Wunsch auf ein eigenes Post-it. Lass deine Gedanken fließen. Was wolltest du schon immer mal machen? Wofür brennt dein Herz? Kajak fahren in Litauen. Einen spannenden Roman schreiben. Mit Mama ins Kino. Ein Konzert deiner Lieblingsband. Vier Mal pro Woche laufen. Eine Ausbildung zur Outdoortrainerin. Hier hat alles Platz, was du in dein Leben ziehen magst, da gibt es keine Grenzen. No borders – no limit.

6. Teile die Zettel den Lebensbereichen und Jahren zu, so wie du sie gerade jetzt stimmig findest. In einigen Bereichen hast du vielleicht derzeit gar keinen Wunsch etwas zu ändern oder zu verbessern. Das ist okay. Unser Leben ist eine stete Veränderung und diese Liste lebt. Von dir und mit dir. Du kannst jederzeit umreihen, weggeben oder Neues hinzufügen.

Manchmal pfuscht uns der Verstand dazwischen. Sagt uns, was wir alles nicht erreichen oder tun können. Warum? Das sagt er uns meist nicht. Nur, dass es eben nicht geht. Punkt.

Ich habe meine Verstandsstimme Kleopatra genannt. Mein früheres Ich. Weil ich einen schwarzen Pagenkopf hatte, mit eiserner Miene und hochgezogener Nase herumlief. In Aussehen und Verhalten fand ich mich teilweise wieder in der ägyptischen Königin Kleopatra. Sie hat mich oft von grandiosen Abenteuern abgehalten, aber auch vor Dummheiten beschützt. Trotz der Ängste, Sorgen und Probleme, die sie oft sieht, ist sie wichtig und wurde zu meiner treuen Wegbegleiterin und Freundin.

Walter Bradford Cannon, ein US-amerikanischer Physiologe, fand 1915 heraus, dass unser Stammhirn reflexartig reagiert. Kämpfen oder fliehen. Das sind die Notfallreaktionen des Körpers.

Stell dir einmal vor, du spazierst in einem Wald. Erfreust dich an den Spatzen, die zwitschern, an einem Eichhörnchen, das auf einen Baum klettert, und an der frischen Luft. Plötzlich starren dich aus dem Gebüsch zwei große Augen an. Du bleibst wie angewurzelt stehen und traust deinen Augen nicht, als ein Säbelzahntiger eine Tatze aus dem Dickicht streckt. Was tust du?

Durch die Gefahrensituation kommt es zu einem Adrenalinstoß, der Stress erzeugt. Das Herz beginnt schneller zu schlagen, der Blutdruck steigt, der Schweiß bricht aus. Wir wollen aktiv und passiv Situationen von Schmerz, Verletzung und Tod vermeiden. Eine Warn- und Schutzfunktion. Deshalb setzt unser limbisches System bei Gefahr auf defensive Aggression oder auf Flucht.

In der heutigen Zeit kommt es selten vor, dass ein Säbelzahntiger beim Wandern seine Tatze aus dem Dickicht streckt. Jedenfalls stand nie etwas davon in der Zeitung und auch ich hatte noch nie solch eine Begegnung auf meinen weltweiten Wanderungen.

Evolutionsbedingt reagieren wir Menschen auf eine akute Stresssituation mit der Aktivierung des sympathischen Nervensystems. Vorsicht Lebensgefahr! Der Säbelzahntiger, bei dem es früher kurzfristig und vorübergehend zu einer Stresssituation kam, wurde abgelöst von den andauernden ständigen Ängsten und Unsicherheiten unserer Zeit: Mobbing durch eine Kollegin im Büro, Konkurrenzstress auf dem Weg zur nächsten Karriereposition, Beziehungsprobleme, Kommunikationsschwierigkeiten mit den Eltern, Geldsorgen – die Liste ist endlos. Oft geht es dabei nicht mehr um Kampf oder Flucht, sondern nur um Sieg oder Niederlage. Die altbewährten Stressmechanismen in uns, die uns das Überleben sichern, werden zur tickenden Zeitbombe, die uns krankmachen kann. KA-BOOOOM.

Ich saß in einem Minibus in Gonder, Äthiopien. Freute mich riesig auf die Trekkingtour in die Simien Mountains, denn andere Reisende hatten mir erzählt, wie schön es dort sei, und hatten mir Bilder gezeigt.

»Das wird toll«, sagte ich mir. »Endlich wieder wandern.« Plötzlich kam ein anderer Bus angefahren. Mein Tourguide stieg aus und diskutierte mit den Männern. Ich wurde gebeten, umzusteigen. Ein Typ mit einer Narbe auf der Wange stellte sich an die Tür und schaute mich an wie ein Säbelzahntiger. Mein System fuhr hoch. In wenigen Sekunden: von relaxt auf Lebensgefahr. DRRRRR. Angst. Bedrohung. Gefahr.

Ich verweigerte, stieg nicht um und entschied mich für Flucht. Ich packte meinen Rucksack und ging. Kämpfen gegen sechs muskulöse Jungs oder Totstellen wäre wahrscheinlich nicht gut ausgegangen. Ich hatte instinktiv die beste Wahl für mich und mein Überleben getroffen und bin so dem Säbelzahntiger entkommen.

In dieser brenzligen Situation habe ich einfach meinem Gefühl vertraut. Instinktiv.

Mehr fühlen statt denken, denn die Gefühle lügen nie. Sie sind Tatsachen. Gedanken können verwirren und für Unruhe sorgen.

Zurück zu deinen Träumen, Wünschen und Sehnsüchten. Wenn du das Brainstorming für die zehn Lebensbereiche abgeschlossen hast, dann kann es sein, dass du erst mal etwas erschlagen bist. So viel möchtest du noch erleben. Das geht sich alles nicht aus. Wie finanzieren? Wo anfangen?

Wir können alles in unser Leben ziehen, wenn wir unsere Aufmerksamkeit auf das Gewünschte ausrichten. Unseren Fokus. Es ist uns aber nicht möglich alles gleichzeitig umzusetzen. Wir können nicht auf jeder Party zur gleichen Zeit tanzen, denn wir sind nur 100 Prozent Energie. Und manchmal gefühlt weniger, wenn es uns nicht gut geht.

Die zehn Lebensbereiche dienen der Orientierung. Wir brauchen viele und vor allem große Träume, für die es sich lohnt, jeden Morgen aufzustehen und dafür loszugehen. Dream big, get bigger.

Und jetzt einmal ehrlich, es wäre doch total langweilig, wenn wir gleich morgen alle unsere Träume erfüllt hätten. Was würden wir denn dann machen wollen? Wir brauchen Nachschub und neue Träume.

In unseren Köpfen malen wir uns oft aus, wie es sein könnte. Aber der Prozess findet mit unseren Händen statt. Indem wir etwas tun und umsetzen. Erleben. Machen. Mit unserem Körper, mit all unseren Zellen, spüren. Dann erst wissen wir, wie es tatsächlich ist und sich anfühlt. Können bewerten und weiterhin gute Entscheidungen treffen.

WÄHLE NEU

Die größte Entscheidung deines Lebens liegt darin,
dass du dein Leben ändern kannst,
indem du deine Geisteshaltung änderst.

— Albert Schweitzer

In Europa haben wir meist die Qual der Wahl. Wir können entscheiden, was wir tun wollen. Welche Ausbildung? Welcher Job?
Was machen? Oft sind wir überfordert, weil wir so viele Auswahlmöglichkeiten haben. Das gibt es nicht überall. In vielen
arabischen Ländern, die ich bereisen durfte, gibt es sehr wenig
Alternativen.

Die Ökonomin Elena Reutskaja von der spanischen Universidad
de Navarra und Robin Hogarth von der Universität Pompeu Fa-
bra in Barcelona haben Versuchspersonen Geschenke auswäh-
len lassen. Die Teilnehmer konnten sich zwischen fünf, zehn, 15
oder 30 Schachteln, die sich nach Farbe und/oder Form unter-
schieden, entscheiden. Heraus kam, dass bei zehn Optionen die
Versuchspersonen mit ihrer Wahl zufriedener waren als bei 15
und mehr Auswahlmöglichkeiten.

Eine große Auswahlpalette kann demnach Stress verursachen.
Der Too-Much-Choice-Effekt. Ist es tatsächlich das Richtige?
Will ich es wirklich? Die Zukunft ist ja noch nicht greifbar. Ist es
schlau? Es kostet viel Geld. Eigentlich sollte ich sparen für später. Kann ich überhaupt sicher sein, dass es genau das ist, was
ich will? Dass ich Gutes erfahre, anstatt mich mit Schlechtem

zu ärgern? Der Kopf rattert oft monatelang. Hin und her. Rauf und runter. Die Entscheidung wird hinausgeschoben. Jetzt nicht. Ein andermal.

Da denke ich an die Menschen im Sudan. Während wir in Europa aus hunderten von unterschiedlichen Kochtöpfen in allen möglichen Formen und Farben wählen können, gibt es dort wenig Vielfalt. Weniger ist oft mehr. Vor allem, wenn man das *mehr* nie kennengelernt hat. Über diese Dinge braucht man sich dann auch nicht den Kopf zerbrechen.

Ich saß auf einem Hocker in einer Freiluftküche im Sudan. Getrocknete Palmwedel bedeckten den Raum, einige Schüsseln an der Wand. Kein Herd und keine Elektrogeräte. Wenig und doch genug, um zu kochen.

Saeds Mutter stellte einen Topf mit Bohnen auf einen Tonofen mit Glut. Ich durfte die Eier schälen, während sie auf dem Hocker saß und eine Zwiebel in der Hand schnitt. So hatte ich das noch nie gesehen. Kleine Stücke fielen in die zwischen ihren Beinen eingeklemmte Schale.

Jede Begegnung hinterlässt Spuren. Ob mit einem anderen Menschen, einem Tier, einer Pflanze, einem bestimmten Geschmack, einem Geräusch, einer Frequenz. Unser Körper registriert und unsere Zellen speichern.

Oft werden wir von Menschen überrascht, die eher introvertiert, also schüchtern und zurückhaltend sind und nicht gern im Mittelpunkt stehen. Die Spitze des Eisberges. Nur ein kleiner Teil unseres Verhaltens ist auf einen Blick sichtbar. Der größte

Teil der Hirnaktivität sind die unbewussten Prozesse, und diese sollen circa 95 bis 98 Prozent ausmachen.

Unser Körper, ein Wunderwerk der Natur. Es steckt mehr in uns, als wir oft auf den ersten Blick glauben. Nur unser eigener Körper kann uns mit hundertprozentiger Sicherheit sagen, was uns guttut und was nicht.

Eine einfache Übung zur Entscheidungsfindung, zum simplen Ja oder Nein, ist der Muskel-Selbsttest. Das natürliche Biofeedback-System in unserem Körper gibt uns eine Antwort. Diese Art von Test soll bereits Hippokrates vor 2000 Jahren verwendet haben, um neurologische Verletzungen an Soldaten zu diagnostizieren. Unser Unterbewusstsein reagiert auf Reize, unter anderem weil es über das vegetative Nervensystem Reaktionen unserer Muskeln hervorruft. Ein Wechselspiel zwischen Unterbewusstsein und Muskelsteuerung. Diese Funktion unseres Körpers brauchen wir, um in Gefahrensituationen schnell reagieren zu können. Welche Strategie wählen wir, um zu überleben? Flucht oder Kampf? Oder tot stellen?

Wenn du allein bist, kannst du den Neige-Test machen. Mit einem Partner den Arm-Test. Bei beiden Tests kannst du mit einem minimalen Übungsaufwand eine Antwort aus deinem Unterbewusstsein bekommen. Es ist eine gute Methode, um den IST-Zustand zu erfragen. Manchmal kann es länger dauern, bis eine Antwort kommt, da müssen wir oft erst lernen uns selbst zu vertrauen. Meist kommt aber die Antwort in drei bis zehn Sekunden, vielleicht auch schon früher. Je mehr du übst, desto schneller die Antworten.

NEIGE-TEST – ALLEIN

Unser Körper reagiert auf unsere Gedanken. Sind sie wahr, positiv und stimmig, dann neigen wir uns nach vorne. Sind unsere Gedanken negativ, falsch und unstimmig, dann neigen wir uns nach hinten. Das funktioniert, weil der menschliche Körper ein Organismus ist, so wie Pflanzen. Eine Sonnenblume wendet sich automatisch dem Licht, einer beruhigenden Musik oder positiven Energien zu. Von negativen Energien entfernt sie sich. (Es kann sein, dass du dein Ja bzw. Nein in eine andere Richtung hast z. B. nach links oder rechts. Mache den Test und du wirst es herausfinden.)

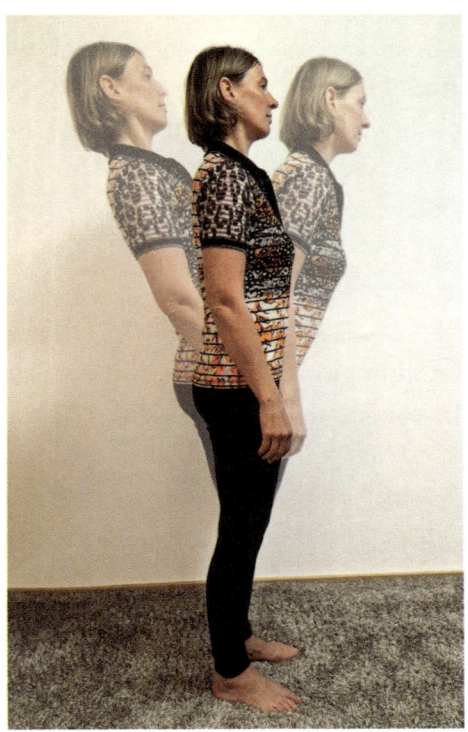

1. Suche dir einen Ort, wo du nicht gestört wirst. Schalte, wenn du es zum ersten Mal machst, Musik oder Fernseher ab. Später, wenn du schon oft geübt hast, kannst du den Selbsttest überall machen. Sogar mitten in einer Bahnhofshalle.

   Stelle deine Füße schulterbreit auseinander und lass deine Arme seitlich herunterhängen. Schau geradeaus, dann schließe deine Augen. Konzentriere dich auf dich. Du wirst merken, dass du leicht schwankst. Nach vorne, hinten oder links, rechts. Das ist normal. Unser Körper gleicht aus, damit wir aufrecht stehen bleiben können.

2. Denke oder sage laut: Ich heiße .. (deinen Namen). Dein Unterbewusstsein verbindet sich mit deinem Bewusstsein und dein Körper wird in 3 bis 10 Sekunden nach vorne wippen.

3. Denke jetzt an einen anderen Namen und sage: Ich heiße Ali Stehaufmann. Dein Körper wird sich, sofern du nicht tatsächlich so heißt, nach hinten neigen.

4. Du kannst noch weitere Abfragen machen, um dich zu testen und ein sicheres Gefühl zu bekommen. Hier einige Vorschläge: Ich bin ein(e) …

   … Mann, Frau. Ich wohne in … London, Katmandu, Hinterstoder. Ich arbeite derzeit als … Koch, Key-Account-Managerin, Chirurg, Anwältin.

ARM-TEST MIT PARTNER

Bei diesem Test werden die Armmuskeln beobachtet. Bei einer positiven Antwort, die also der Wahrheit entspricht, bleiben die Muskeln angespannt. Bei einer negativen Antwort gibt der Arm nach. Der Grund dafür ist, dass bei einer negativen Antwort die Power raus ist und die elektromagnetische Spannung in den Zellen – auch Muskeln – absinkt.

1. Stelle dich schulterbreit mit den Füßen auf den Boden, Gesicht zu deinem Partner, und strecke deinen linken Arm seitlich aus, Handfläche nach unten.

2. Dein Partner legt seine linke Hand auf deine Schulter, seine rechte auf deine Hand und drückt leicht nach unten. Er testet und schaut, wie viel Kraft er benötigt, wenn du neutral eingestimmt bist.

3. Dein Partner sagt dir abzufragende Testthemen, du sprichst sie nach: Mein Name ist … Mein Lieblingsessen ist … Ich fahre gerne … Rad, Auto, Zug.

4. Nachdem du die Worte wiederholt hast, drückt dein Partner leicht nach unten. Ist es richtig, was du sagst, bleibt dein Arm angespannt. Stimmt es nicht, geht er nach unten.

Nach diesem Basistest kannst du ihn für alle Ja-oder-Nein-Fragen oder -Aussagen verwenden, um eine klare Antwort zu bekommen. Je öfter du das übst, desto sicherer wirst du werden. Du bekommst mehr Vertrauen und die Antworten folgen schneller. Wie beim Zwiebelschneiden, kleinwürfelig, wird es erst mit etwas Training zur Routine.

Hast du die Technik einmal richtig erlernt. also zehn, 20 oder sogar 30 Zwiebeln geschnitten, kannst du das Erlernte jederzeit abrufen. Dafür sorgen die neuronalen Netze in unserem Gehirn, die Erinnerungen freigeben.

ERSTER
TEIL

ERWACHE

Wandel

Jede Reise beginnt mit einem ersten Schritt.

_ Laotse

Verwandlung. Im Mittelalter war die Vorstellung, dass Menschen sich mitunter in Werwölfe verwandeln, weit verbreitet. Eine vom Teufel besessene Kreatur, halb Mensch und halb Tier. Diese negative Anhaftung eines Wandels kennen wir auch aus Märchen: *Rotkäppchen. Der Wolf und die sieben Geißlein.* In Sagen und Mythen wird der Wolf oft als dämonisch und verteufelt bezeichnet.

Ein Wandel kann uns große Angst machen. Wir wissen nicht, was auf uns zukommt, und das erfordert viel Mut. Den haben wir. Auch wenn er sich oft tief in uns versteckt. Doch gemeinsam holen wir ihn wieder hervor. Dafür nehme ich dich an der Hand und wir wandern gemeinsam. Außerdem macht das auch gleich viel mehr Spaß. Und darum geht es schließlich in unserem kostbaren Leben.

Meiner Meinung nach gibt es nur zwei Gründe, warum wir etwas im Leben verändern. Die Lust und den Schmerz.

In unserem Leben haben wir viele Veränderungen durch Schmerz erfahren. Deshalb mögen wir keine Veränderungen und stehen ihnen zögerlich gegenüber. Wir scheuen uns regelrecht davor, etwas Neues zu beginnen. Etwas zu tun, was wir noch nie zuvor gemacht haben. Oft werden wir deshalb vom Leben aufgefordert und manchmal brutal hineingeschleudert. Ein Schicksalsschlag. Schwere Krankheit. Jobverlust. Beziehungsende. Die Welt bricht von einem Moment auf den anderen zusammen. Shut down.

Wir können das Außen nicht kontrollieren, auch wenn wir das oft glauben. Die Naturgesetze sind einfach stärker – siehe Corona. Doch unser Inneres können wir selbst lenken. Denn es liegt an uns, ob wir aufgrund der Ereignisse in die Dunkelheit des zehnten Kellergeschosses fahren oder ob wir im ersten oder zweiten Geschoss anhalten und wieder ins Licht gehen. Das Leben ist ein ewiges Auf und Ab, wie die Wellen im Meer. Je mehr wir über uns selbst wissen, wie wir denken, was wir fühlen, warum wir tun, was wir tun, und je kraftvollere Tools und Techniken wir kennen, die wir anwenden können, desto weniger kann uns erschüttern. Wir werden nicht mehr so schnell in die Tiefe des Ozeans gezogen.

Mein Opa sagte oft: Früher war alles viel besser. War es das tatsächlich? Ich sage: Mit der technologischen Zeit mitgehen, sich dem Wandel anpassen und mit dabei sein. Das macht eindeutig mehr Spaß und ist gesünder, als ständig dagegen zu sein, dem Alten nachzutrauern und mit den Gedanken in der Vergangenheit zu leben. Da sind wir nicht präsent. Im Hier und Jetzt.

Ohne Wandel gäbe es außerdem keine Schmetterlinge.

Wir Menschen sind einfach gern in unserer Komfortzone. Lassen uns vom inneren Schweinehund leiten und bewegen uns oft nur dann, wenn es wirklich brennt. Wenn der dichte Herbstnebel die komplette Sicht nimmt und das Atmen schwerfällt. Dann wird das Noradrenalin in unserem Körper aktiviert. Ein kurzfristig ausgestoßenes Stresshormon, das eine Reihe an Stressreaktionen auslöst.

Der Schritt aus der Komfortzone erfordert Risikobereitschaft und die Möglichkeit des Scheiterns. Zwei Dinge, die Ungewissheit und negative Gefühle mit sich bringen können.

Veränderungen können Unangenehmes auslösen. In uns brüllt es: Stopp! Nein. Nicht. Weil wir schon schlechte Erfahrungen gemacht haben, und das auf keinen Fall wiederholen möchten. Wir gehen davon aus, dass es schmerzhaft werden kann oder anstrengend. Ha! Genau. Wenn wir die Komfortzone verlassen, dann kommen wir in die Wachstumszone. Und ja, dort ist es herausfordernd. Dort haben wir, wie in der Schule, Prüfungen zu meistern, und das kann uns an unsere Grenzen bringen. Das ist lernen. Dazu sind wir hier. Denn das Leben ist eine lebenslange Lernreise. Wir sammeln Erfahrungen. Bewerten. Interpretieren. Daraufhin treffen wir eine Entscheidung. Wir lassen es sein oder gehen volle Kraft weiter. Überspringen wir diese Wachstumszone, dann landen wir direkt und ohne Sicherheitsnetz in der Panikzone. Der Kopf schaltet aus. Angst. Ohnmacht. Crash.

Es liegt an uns. Welche Erfahrungen wir sammeln wollen und für welchen Weg wir uns entscheiden. Von der Raupe zum Schmetterling.

Jede Veränderung beginnt bei uns selbst. Möchten wir etwas verändern, dann müssen wir bei uns anfangen.

Angst davor, was die Zukunft bringen wird, kann uns lähmen. Bekomme ich noch eine Pension vom Staat, um meine wohlverdiente Rente genießen zu können? Wie lange werde ich dafür arbeiten müssen? Was ist, wenn ich gekündigt werde? Werde ich einen neuen Job finden? Oft treffen wir dann keine Entscheidungen, obwohl in uns schon längst alles nach einer Veränderung schreit. Ungewissheit. Ängste. Sorgen.

Will ich das wirklich?

Veränderungen brauchen Mut, Glauben und Selbstvertrauen. Das bekommst du in diesem Buch. Das garantiere ich dir.

Sieh die Veränderung als ein Spiel und lass nicht zu, dass jemand im Außen dir sagt, wo es für dich langgeht. Du entscheidest, was du verändern möchtest. Wo. Wann. Wie. Dein Geist formt die Materie. Nicht umgekehrt.

Ein Wandel kann großen Spaß machen und wenn du es als eine spannende Abenteuerreise siehst, dann bin ich mir sicher, dass du dabei ganz viel lachen wirst.

Wie jeder Sportler, der an einem Wettkampf teilnimmt, heißt es, sich gut vorzubereiten. Kopf und Körper trainieren, um dann die Muskeln zu haben, um mit den Herausforderungen auf dem Spielfeld umzugehen. Jemanden, der sich gut vorbereitet hat, kann nichts und niemand aus der Bahn werfen. Der bleibt im Rennen. Bis zum Schluss. Gewinnt.

Raus aus der Komfortzone, rein ins Leben.

DEIN TAG BEGINNT

Dankbarkeit

DRRRRR. Ich schaute auf die Uhr. Verdammt. Kurz vor sieben Uhr. Ich hatte wiedermal den Wecker weggedrückt. Fünf Minuten und nochmals fünf Minuten. Das passierte mir in letzter Zeit ständig. Ich drehte mich nochmals zur Seite ... jetzt werde ich eh schon zu spät kommen. Die fünf Minuten sind auch schon egal.

Diese und ähnliche Situationen hatte ich früher ständig. Ich war antriebslos und müde. Ich konnte nicht aufstehen und sah keinen Sinn in meiner Arbeit. Auch fühlte ich keine Wertschätzung oder Anerkennung. Ich war frustriert. Der einzige Motivator war Geld. Warum ich mich dann doch irgendwann ins Büro schleppte? Um meine Eigentumswohnung abzubezahlen, meine Ausbildungen machen zu können und wieder einmal zu reisen. Herzlichen Glückwunsch. Ich war gefangen im Hamsterrad meines Lebens.

Studien beweisen, dass Dankbarkeit jedes andere Gefühl verdrängt. Fühlen wir Dankbarkeit, hat kein anderes Gefühl, wie Ärger, Traurigkeit, Enttäuschung, Angst, zur selben Zeit einen Platz in unserem Leben. Dankbarkeit ist wie ein Samen. Wenn du für etwas dankbar bist, dann pflanzt du diesen Samen und er wächst zu einem wunderschönen Baum heran, spendet dir Schatten, gibt dir Früchte und hilft dir zu vermeiden, dass Unkraut wuchert.

Manchmal müssen wir Tragödien sehen wie die Hungersnot in Afrika, ein Flüchtlingslager auf Lesbos oder Kinderarmut in Nepal. Manchmal begegnen uns auch Menschen auf der Straße, die es gerade sehr schwer haben. Wir sehen einen Obdachlosen oder eine alleinlebende, gebrechliche alte Frau. Oder wir hören, dass ein Verwandter oder Bekannter sehr krank ist. Querschnittgelähmt. Tumor. Krebs. Häufig fühlen wir uns dankbarer, wenn wir unsere Lebenssituation mit deren Schicksal vergleichen. Wir werden daran erinnert, wie gut es uns geht und wie reich wir sind.

Uns ständig mit Bildern von Leid und Armut zu konfrontieren, nur um uns besser zu fühlen, finde ich unmoralisch. Das macht auf die Dauer nicht zufriedener, denn die gesehenen Bilder bleiben im Kopf und eine Hilflosigkeit kann entstehen.

Wenn wir den Fokus auf unser eigenes Leben lenken, den inneren Weg gehen, um Dankbarkeit zu empfinden, dann gehen wir den Weg der Selbstliebe. Und wenn wir dann auch noch einen Samen von Dankbarkeit gleich morgens säen, dann starten wir erfüllt in unseren Tag.

Eine Dankbarkeits-Morgenroutine unterstützt mich täglich. Gerade in Zeiten einer Krise, wo alles drunter und drüber geht. Sich alles im Kreis dreht und im ersten Moment nichts einen Sinn ergibt. Dann bringt eine Routine die notwendige Stabilität und Orientierung. Sie gibt festen Halt.

Durch die Wiederholung habe ich sie mir eingeprägt und mittlerweile ist der Ablauf seit einigen Jahren ein fester Bestandteil meines Tages. Egal, ob ich auf Reisen bin. Am Berg oder im Tal.

MORGENROUTINE

1. DANKBARKEITS-GEBET

Setz dich im Bett auf, stelle deine Füße auf den Boden und falte deine Hände unter dem Kinn. Sprich folgendes Gebet von Anselm Grün (aus Morgen- und Abendgebete):

Barmherziger und guter Gott, segne diesen Morgen, den du mir geschenkt hast, dass es ein Tag des Heils werde, ein Tag, der mir und den Menschen um mich herum Segen bringt und Früchte trägt, die bleiben. Segne mich und alles, was ich heute in die Hand nehme, was ich anpacke, berühre, forme und gestalte. Lass meine Arbeit zum Segen werden für andere. Segne mich, damit ich selbst zu einer Quelle des Segens werden darf für die Menschen, denen ich heute begegnen werde.

Gebete sind Geschmackssache. Wenn du damit nicht in Resonanz gehst, kannst du selbst einen Text schreiben oder dir ein passendes Gedicht suchen. Wichtig ist, dass die Worte sich für dich stimmig anfühlen und du die Dankbarkeit in deinen Zellen spüren kannst.

2. EIN GLAS WASSER TRINKEN

Wasser ist Leben. Ohne Wasser kein Leben. Wir Menschen bestehen bis zu 80 Prozent aus Wasser. Trinke ein Glas Wasser, denn das verbindet dich mit der Natur und der Quelle allen Seins.

3. ATEMMEDITATION

bis du 20 Minuten meditieren kannst.

a) Finde eine bequeme Position. Stelle dich schulterbreit hin, setz dich aufrecht auf einen Stuhl oder ein Kissen oder leg dich hin.

b) Schließe deine Augen.

c) Senke den Kopf leicht nach unten.

d) Lege beide Hände auf die Bauchmitte übereinander oder eine Hand auf den Bauch und die andere auf dein Herz.

e) Sage dir: Ich entspanne meine Stirn. Lass einige Sekunden vergehen. Ich entspanne mein Gesicht. Pause. Meine Schultern. Pause. Meine Arme. Pause. Meine Hände. Pause.

f) Richte deine Aufmerksamkeit auf die Bauchmitte und deinen Atem. Wenn deine Gedanken auf Wanderschaft gehen, dann bringe sie liebevoll zur Ruhe und konzentriere dich weiter auf den Atem. Auch wenn dein Rücken juckt, deine Schultern massiert werden wollen und du nicht mehr sitzen kannst. Jetzt nicht. Übe aber keinen Druck aus. Beobachte. Und wisse, dass du bestimmst.

g) Atme durch die Nase ein, dein Bauch hebt sich, und durch den Mund wieder aus. Spüre, wie dein Bauch beim Ausatmen flacher wird, und bleib deinem Tempo treu.

4. GESICHT MIT WASSER WASCHEN

Lass in beide Hände kaltes Wasser laufen und wasche dein Gesicht. Sag dabei danke. Danke. Danke.

5. TANZEN ZU EINEM HAPPY-SONG

Stelle dir eine Youtube-Liste mit Liedern zusammen, die dich besonders happy machen, dich motivieren und inspirieren. Je nachdem, worauf du Lust hast, höre einen Song und tanze mit. Wenn du in Eile bist, kannst du das Lied während des Zähneputzens hören, wenn du im Auto sitzt oder mit der Straßenbahn unterwegs bist. Mitwippen geht immer.

Add-on: Wenn es dir besonders schwer fällt in der Früh aus dem Bett zu kommen, dann bleib auf dem Rücken liegen und radle mit den Füßen in der Luft. Schnell ist dein Energiehaushalt angekurbelt und deine Lebensgeister sind geweckt.

Eine winzige Drüse im Gehirn, die Zirbeldrüse (wird auch als Sitz der Seele bezeichnet), produziert das Hormon Melatonin. Ein körpereigenes Schlafhormon, das durch Licht am Tag gehemmt wird und bei Dunkelheit in der Nacht zunimmt. Es macht uns müde und beeinflusst den Rhythmus unserer inneren Uhr.

Unsere westliche, moderne Lebenseinstellung richtet sich schon lange nicht mehr nach den eigentlichen Tageszeiten, dem Sonnenauf- und -untergang. Für Millionen von Jahren schliefen Menschen bei Nacht und Dunkelheit und machten ihre Arbeit bei Tageslicht. Die heutige Leistungsgesellschaft verzerrt den natürlichen Biorhythmus. Wir können rund um die Uhr arbeiten. Die hormonelle Balance ist dadurch allerdings nicht mehr gegeben und ein Ungleichgewicht kann entstehen.

Wissenschaftler haben erforscht, dass die Melatonin-Konzentration im Blut im Laufe der Nacht steigt und gegen vier Uhr morgens einen Höhepunkt erreicht. In dieser Zeit ist die Verbindung zum Quantenfeld am besten, weil die Gedanken ruhig sind. Weniger Störgedanken, mehr Angebundenheit. Das ist ein optimaler Zeitpunkt, um die tägliche Morgenroutine zu starten.

Unser Geist lenkt Materie. Wenn es uns guttut, dann machen wir es auch. Konsequent sein. Aufstehen. Tun.

Mit Routinen erleichtern wir unser Leben: Mühelos schreiben und lesen wir oder fahren mit dem Auto und parken rückwärts ein. Aber aller Anfang ist schwer. Warum? Bis etwas zur Routine wird und wir nicht mehr nachdenken müssen, kostet es uns Energie und strengt uns an. Oft geben wir zu schnell auf oder finden eine Ausrede: Das ist nicht das Richtige für mich. Jetzt passt es bei mir nicht. Das mache ich morgen. Unsägliche Lieblingsfloskeln, die wir gerne sagen. Denn bei Routinen sind Durchhalten und Ausdauer gefragt. Bis das Gehirn durch die Wiederholung in den sogenannten Basalganglien das neue Programm abspeichert und beim nächsten Abruf mit Leichtigkeit wiedergibt. Wir befinden uns im Entspannungsmodus. Easy.

Du musst nicht Meister sein, um zu beginnen,
doch du musst beginnen, um Meister zu werden.

_ Unbekannt

Der perfekte Zeitpunkt, um die Gedanken in eine positive Richtung zu lenken, ist der Morgen. Du bekommst, was du glaubst. Was du glaubst, das fühlst du. Was du fühlst, das tust du. Was du tust, das glaubst du. Ein Kreislauf entsteht. Wie auch die Natur nach den vier Jahreszeiten lebt, lebst du von dem, was du dir vorsagst. Affirmationen sind kurze, positiv formulierte Sätze, die leicht zu merken sind. Passend zu deiner individuellen Situation gibt es sie für alle Themen und Lebensbereiche. Formuliere sie in der Gegenwart und achte darauf, dass sie auf positiven Worten basieren.

Meine 30 Affirmationen für einen powervollen Tag

DANKBARKEIT

Ich bin dankbar für alles, was ich habe. Heute ist ein wunderschöner Tag.

Ich bin stolz auf mich, auf alles, was ich schon geschafft habe, und auf das, was ich noch machen werde.

GESUNDHEIT

Mein Körper ist stark und gesund.

Ich ernähre mich gesund und ausgewogen. Ich bin voller Energie und Lebenskraft.

MUT

Ich erreiche alles, was ich möchte.

Ich habe die Kraft, mein Leben so zu gestalten, wie ich es für richtig halte. Ich schaffe das.

LEICHTIGKEIT

Heute fällt es mir leicht, mich zu konzentrieren.

Ich gestalte mein Leben voller Freude und Leichtigkeit.

Ich erschaffe spielerisch. Meiner Kreativität sind keine Grenzen gesetzt.

ÄNGSTE

Angst ist nur ein Gefühl, von dem ich mich nicht aufhalten lasse. Mit jedem Atemzug lasse ich meine Ängste los und werde ruhiger.

Ich überwinde Ängste, indem ich meinen Träumen folge.

ALLTAG

Ich bin offen für das, was der Tag mir bringen wird. Ich lasse mich unterstützen.

Je besser es mir geht, desto mehr kann ich geben.

ENTSCHEIDUNGEN

Was auch immer ich zu tun wähle, ist richtig für mich. Ich entscheide mich für die Wahrheit.

Ich habe jeden Tag die Möglichkeit, neu zu wählen.

ENTSPANNUNG UND RUHE

Ich atme Ruhe ein und atme Anspannung aus. Ich lebe im Hier und Jetzt.

Ich nehme mir Zeit für mich und meine Bedürfnisse.

VERTRAUEN

Ich glaube an mich.

Alles, was ich brauche, kommt zum richtigen Zeitpunkt. Ich lasse los und vertraue dem Fluss des Lebens.

GELD

Mein Leben ist erfüllt und reich.

Ich lerne mit Freude und Leichtigkeit das Handwerk – Geld verdienen. Ich schätze mich glücklich, wohlhabend zu sein.

Um die Wirkung von Affirmationen zu spüren, solltest du sie dir immer wieder ins Gedächtnis rufen.

TIPP:

› jeden Morgen beim Aufstehen und am Abend beim Ins-Bett-Gehen durchlesen
› regelmäßig in Gedanken vor dir hersagen
› laut mit einem Lächeln vor dem Spiegel sagen
› auf einen Zettel schreiben und mit dir tragen
› Post-it auf den Kühlschrank, den Spiegel oder andere Stellen kleben, wo du es häufig siehst und liest
› als Desktophintergrund am PC einrichten
› als Startbildschirm am Handy installieren

AUFGABE:

Formuliere deine eigenen Affirmationen für einen guten Start in deinen Tag.

Wo liegt gerade deine größte Herausforderung oder Belastung? In welchem Lebensbereich? Bei welchem Thema?

Gerade wenn wir innerlich aufgewühlt sind, ist es oft nicht einfach, etwas Positives über uns zu denken. Es ist aber auch wichtig, die negativen Gefühle anzuschauen. Egal, was sich zeigt. Ärger, Eifersucht oder Scham. Ich schnappe mir dann mein Gedankenwanderbuch, schreibe und lasse alles raus. Gerade dann, wenn meine Gedanken wild herumhüpfen und wirr sind. Schönreden, totschweigen und nicht wahrhaben wollen, bringt nichts. Außer, dass es uns noch schlechter geht. Wir fühlen es ja ohnehin. Um es beim Namen zu nennen: Es ist wie Durchfall, da sind wir auch froh, wenn die ganze Kacke draußen ist. Danach geht es uns gleich viel besser und wir fühlen uns erleichtert. Genauso ist es mit unseren Gedanken. Also: Raus damit.

ERLAUBE DIR ZU FÜHLEN

Achtsamkeit

»Oh mein Gott«, sagte meine Hausärztin. Nahm meinen Fuß in die Hand und schaute mich mit weit aufgerissenen Augen an. »Haben Sie das nicht gespürt? Das muss ja höllisch weh tun.«

Ich schaute meine Ferse an. Aufgescheuert, sodass der Knochen zu sehen war.

»Ja. Es hat schon ein bisschen weh getan.« Ich machte eine Pause. »Ich dachte mir, so schlimm sei es nicht.« Versuchte zu grinsen.

Sie schüttelte den Kopf. »Was um Himmels willen haben Sie gemacht?«

»Ich war wandern«, sagte ich und schluckte. Dachte an die anstrengende Tour im Kaisergebirge, wo mir das Wasser ausgegangen war. Schwarze Flecken hatten vor meinen Augen getanzt. Ich war kurz vor dem Umkippen.

Viele Jahre lang habe ich mich selbst nicht gespürt und wahrgenommen. Ich bin oft über den körperlichen Schmerz hinweggegangen. Ist nicht schlimm. Tut eh nicht weh. Passt schon. Ich war mir und meinem Körper gegenüber nicht sehr achtsam. Auf mich, auf Signale und Zeichen schaute und horchte ich nicht. Zuerst alle anderen und alles andere.

Wir fühlen, wie wir denken. Denn jeder unserer Gedanken löst eine chemische Reaktion im Gehirn aus. Daraufhin werden Botenstoffe ausgeschüttet und gestatten uns, den Gedanken entsprechend zu fühlen. Und schon denken wir dann, wie wir uns fühlen.

Haben wir liebevolle und begeisternde Gedanken, die sogenannten positiven Gedanken, dann produzieren wir großartige Gefühle. Dopamin, Endorphine, Oxytocin, Serotonin, Wachstumshormone und Vasopressin werden frei. Bei negativen, ängstlichen oder sorgenvollen Gedanken werden Adrenalin, Noradrenalin, Cortisol, Cytokine und Histamine in uns ausgeschüttet. Wir fühlen uns dementsprechend. Down.

Unser Körper ist unser Tempel. Achten wir ihn nicht, dann wohnen wir nicht mit Genuss und Freude in ihm und werden ganz sicher nicht gesund älter. Ständig tut uns was weh oder zwickt was.

In der heutigen schnelllebigen Zeit ist es oft nicht einfach uns zu erlauben, achtsam unterwegs zu sein. Es ist dafür keine Zeit. Das nächste Meeting. Die Dienstreise. Eine Hochzeitseinladung. Ein Termin jagt den nächsten und es gibt immer etwas zu tun.

Wir sollten öfters mal bewusst stehen bleiben und schauen, was sich uns zeigt. Im Innen wie im Außen.

Die Dosis macht das Gift und bringt das Fass zum Überlaufen. Depressionen, Burn-out und andere psychische Erkrankungen können entstehen, wenn wir unseren Körper und Geist ständig negativem Stress aussetzen. Wir verspannen uns. Nicht nur körperlich, sondern auch geistig sind wir unentspannt. Wenn wir uns selbst lieben wollen kommen wir um Achtsamkeit nicht herum. Achtsamkeit lehrt den Umgang mit Belastungen. Während Entspannung die Regeneration von Belastungen ist. Entspannungstechniken können helfen, Achtsamkeit zu üben. Achtsamkeit kann helfen, entspannter zu leben. Schon wieder entsteht ein Kreislauf.

Achtsamkeit hilft uns, Dinge, die wir schon automatisch – unbewusst – machen, wieder bewusst zu machen. Auszusteigen aus der alten Tretmühle, um uns den Alltag genüsslicher zu gestalten und wieder präsenter zu sein. Mehr den Augenblick wahrnehmen und beobachten. Nicht urteilen oder bewerten. Sondern auf Reaktionen im Körper und in den Gedanken achten.

Achtsamkeit ist eine universelle Haltung gegenüber allem im Leben und du solltest es dir wert sein, um dir liebevoll zu begegnen.

Je achtsamer du wirst, desto:
› weniger negativen Stress erlebst du
› aufmerksamer und produktiver bist du im Alltag
› besser kannst du deine Gedanken und Gefühle wahrnehmen
› mehr lenkst du dein Leben in die von dir vorgegebene Richtung

Um deine Wahrnehmung zu schulen, helfen dir diese zehn Achtsamkeitsübungen für den Alltag.

10 ACHTSAMKEITSÜBUNGEN FÜR DEN ALLTAG

WECHSELDUSCHEN

Kalt/Warm. Warm/Kalt. Deine Zellen werden aktiviert und du fühlst den Unterschied der Temperatur. Das belebt.

BARFUSS GEHEN

In der Wohnung. Auf der Wiese. Im Wald. Lenke deine Aufmerksamkeit auf das Gehen. Fühle, wie deine Füße auf den Boden auftreten. Wie zuerst deine Ferse, dann deine Ballen und zuletzt die Zehenspitzen abrollen. Wie fühlt sich der Boden an? Ist er trocken, nass, hart, weich, glatt oder steinig?

AUSBLICK

Schau aus dem Fenster. Was siehst du? Ist heute etwas anders als gestern? Was hat sich verändert? Gibt es Besonderheiten?

ESSEN

Ein buddhistisches Sprichwort sagt: Achtsam essen = achtsam leben, achtsam leben = gut leben

Betrachte den Bissen auf der Gabel. Welche Form hat das Essen, welche Farbe? Wie riecht es? Wie verändert sich die Konsistenz beim Kauen? Wie ist der Geschmack?

GEWOHNHEITSWECHSEL

Suche dir eine alltägliche Tätigkeit aus, zum Beispiel Zähneputzen. Putze sie mit der dir nicht vertrauten Hand. Du bist automatisch achtsamer, weil es sich zunächst komisch und ungewohnt anfühlt.

NATUR ENTDECKEN

Such dir ein Objekt in der Natur. Stein, Blatt oder Grashalm. Betrachte es von weit weg. Welche Strukturen erkennst du? Nimm nun das Objekt in die Hand. Dreh es herum, schau es von allen Seiten an und halte es gegen das Licht. Welche kleinen Muster hat es auf der Oberfläche? Welche Linien, Ecken, Farben und Unebenheiten entdeckst du? Wie fühlt es sich an? Hart, weich, rau, glatt, kalt, warm? Bestaune das Objekt für einige Minuten.

ZUHÖREN

Hör dir selbst zu, wenn du am Telefon sprichst oder dich mit jemandem unterhältst. Gibst du dem Gegenüber genügend Raum? Wählst du deine Worte aufrichtig, ohne deine Bedürfnisse nach vorne zu stellen oder dich unbedingt durchsetzen zu wollen?

NACHTWANDERN

Geh im Dunkeln spazieren. Bleib stehen, schließ deine Augen und lausche der Stille der Nacht. Welche Geräusche nimmst du wahr? Wie viele unterschiedliche Geräusche hörst du? Mach die Augen auf. Welche Umrisse kannst du erkennen? Wie fühlst du dich dabei?

ABROLLEN

Stell dich aufrecht hin und rolle, Wirbel für Wirbel, nach unten. Halte die Stellung ein paar Atemzüge lang, dann kehre zurück in die Ausgangsposition. (Bei Rückenproblemen nicht durchführen.)

LÄCHLE

Im Alltag vergessen wir oft zu lachen. Es gibt Tage, da finden wir kaum etwas Schönes. Stell dich vor den Spiegel und lächle dich an. Beobachte dein Gesicht. Was siehst du? Hat sich an dir etwas verändert?

Zehn Minuten jeden Tag für weniger Stress und mehr Gelassenheit. Alfred Korzybski, anerkannter Sprachwissenschaftler, sagte: „Wie wir die Welt wahrnehmen, so beschreiben wir sie. Nach unseren Erfahrungen, Neigungen und Vorlieben filtern wir das, was wir wahrnehmen wollen."

Das meiste machen wir unbewusst. Der deutsche Hirnforscher Manfred Spitzer geht davon aus, dass die Informationsverarbeitungskapazität unseres Unbewussten um den Faktor 100.000 bis 1.000.000 größer ist als die des Bewusstseins.

Das bedeutet, dass unser Unterbewusstsein nicht nur die Funktionen unseres Organismus, sondern auch die Ausführung unserer Handlungen steuert.

Wir beurteilen, bewerten und interpretieren. Haben wir schon viel gesehen und erlebt, werden wir eine breitere Weltsicht haben. Wir werden offener sein und Zusammenhänge erkennen. Jede Erfahrung aus der äußeren Welt bewirkt eine Änderung in der inneren Wahrnehmung. Unser Gehirn arbeitet stets auf Hochtouren. Es sortiert, filtert und speichert Erlebnisse, Eindrücke und Erfahrungen im Gedächtnis ab. Jeden Augenblick sind alle unsere Sinne aktiv. Mit ihnen nehmen wir Informationen auf. Hören. Sehen. Schmecken. Riechen. Fühlen.

Mein Freund Thomas und ich sitzen in einem bürgerlichen Restaurant in der Innenstadt von Salzburg. Das Schnitzel wird serviert und ein weißer Teller, auf dem eine halbe Zitrone liegt. Frisch und gelb glänzt sie. Thomas nimmt die halbe Zitrone, drückt zusammen und der Saft tröpfelt

auf die Panade. Ich rieche die Säure, kneife meine Augen
zusammen und presse meine Zunge an den Gaumen. Das
Wasser rinnt mir in meinem Mund zusammen.

Vielleicht hast du so einen Moment auch schon einmal erlebt. Wo hast du die Säure in deinem Körper wahrgenommen? Wir assoziieren das im Moment Erlebte mit dem, was bereits durch Körper-Feedback im Gehirn verankert ist, und das schafft eine Erinnerung. Je stärker der Reiz, unsere Wahrnehmung und die emotionale Beschaffenheit, desto größer ist die Chance, dass wir uns erinnern. Unsere Gedanken und Gefühle stehen in engem Zusammenhang mit unserem Körper. Nehmen wir uns selbst wahr, dann können wir unsere Umwelt besser verstehen. Unsere Beziehungen liebevoller gestalten und unser Zusammenleben mit Menschen aus anderen Kulturen erleichtern.

NIMM AN, WAS IST

Mitgefühl

Unsere Vergangenheit, alles, was wir erlebt und erfahren haben, ist immer mit uns. Egal ob wir Mist gebaut oder Gutes in die Welt getragen haben. Wir haben eine Entscheidung getroffen und unsere Erfahrung gemacht. Das kann nicht rückgängig gemacht werden.

In meinem Leben habe ich schon viele Fehler gemacht oder, wie ich es nenne: Lernerfahrungen. Ich habe Geld verliehen und nicht mehr zurückbekommen, weil ich falschen Freunden vertraut hatte. Habe mein Auto zu Schrott gefahren, weil ich wiedermal Party gemacht hatte. Habe in Ägypten mit den Beduinen einen Joint geraucht und mich in eine gefährliche Situation gebracht. Ich kenne niemanden, der durchs Leben gehen kann, ohne Fehltritte zu machen. Jeder haut einmal daneben. Bei Stars und Prominenten erfährt es die Welt, bei dir und mir nicht. Außer wir öffnen uns, weil wir darüber reden möchten und es als Weisheit erkennen. Heilung.

Lange Zeit konnte ich nicht zu meinen Fehltritten stehen, zu dem, was ich alles falsch gemacht hatte. Ich erzählte niemandem davon, da ich es oft sehr unangenehm fand. Peinlich. Wurde ich noch dazu aufmerksam gemacht und von jemandem auf einen Fauxpas angesprochen, lief mein Gesicht rot an vor Scham. Vor allem in meiner Lehrzeit als Kellnerin ging ich durch die harte Schule. Ständig wurde ich kritisiert, verbessert und belehrt. Das Weinglas war nicht richtig poliert. Das Besteck falsch aufgedeckt. Die Suppe von der unpassenden Seite serviert. So nicht. Falsch. Falsch. Falsch.

Lehrjahre sind keine Herrenjahre. Das sagten mir meine Eltern schon. Und ich sagte es mir dann selbst oft, um mich zu trösten und um weiterzumachen. Nicht aufzugeben. Wenn ich auch noch so große Belehrungen einstecken musste und am Boden war. Ich dachte, dass ich ohnehin nichts richtig machen konnte. Abgewertet. Frustriert. Gedemütigt.

Wir sind das, was wir erfahren, erlebt und daraufhin beschlossen haben.

Eine Vergangenheit voller negativer Erfahrungen kann uns sehr zu schaffen machen. Anstatt daraus zu lernen und schlauer zu werden, um den Fehler in der Zukunft nicht mehr zu machen, schauen wir oft erst gar nicht hin. Wir drehen uns weg. Je mehr wir wegschauen, desto schwieriger wird es, nach vorne gehen zu können. Die Last auf unseren Schultern kann uns zu Boden drücken und wir kommen nicht mehr vom Fleck. Gefühlter Stillstand. Doch echten Stillstand bedeutet nur noch unser Tod.

Oft denken wir nicht mehr an unsere Fehler, kehren sie unter den Tisch und schweigen. Das Leben geht weiter. Außer wir werden wieder erinnert. Durch einen Weggefährten, Zeitungsartikel oder eine Szene in einem Film. Und schon kann es sein, dass wir in unserem eigenen Movie sind. Erinnerungen an ein bestimmtes Ereignis aus der Vergangenheit kommen hoch und schwirren uns durch den Kopf. Weitere Erinnerungen werden geweckt und Gefühle mischen sich dazu.

Es ist dann wie eine geistige Zeitreise, haben Forscher von der Pennsylvania University an ihren Probanden herausgefunden. Denken wir zum Beispiel an unsere Großmutter, dann holen wir Assoziationen mit verschiedenen Orten und Zeitpunkten in unser Gedächtnis. Wir stellen mit der Erinnerung an sie alle mit dieser Erinnerung verbundenen Informationen wieder her. Unser Gehirn speichert nicht nur einzelne Ereignisse ab, sondern auch in Verbindung stehende Geschehnisse.

So wurde ich, als ich im Sudan reiste, an meine verstorbene Großmutter erinnert, als ich eine Oma im Gras hocken saß und sie mit einer Handsichel die Grashalme abschnitt. Sie erinnerte mich an meine Kindheit, als ich mit meiner Großmutter jeden Frühling durch die Wiesen gestreift war, um die Alpenampfer auszustechen. Wir nannten sie *Sauplotschn*. Sie wucherten und nahmen dem Gras das Licht und die Nährstoffe. Dabei lutschte ich den Honig von den Blüten des Lungenkrautes, aß Sauerampfer und pflückte Arnika, damit Mama das Kraut mit Schnaps ansetzen konnte. Ein natürliches Desinfektionsmittel, wenn ich wiedermal vom Apfelbaum herunterfiel und mir meine Beine aufschürfte. AUTSCH. Das brannte. Ich kniff meine Lippen zusammen.

Schon jagte eine Erinnerung den nächsten Rückblick. Himmelhoch jauchzend, zu Tode betrübt.

Überall können wir an etwas und jemanden erinnert werden, denn unserem Kopf entkommen wir nicht. Wenn sich manchmal die Erinnerung auch anfühlen kann wie der Griff an einen Elektrozaun. FIZZZZ.

Annehmen, was war. Loslassen. Ständig. Das gehört zum Leben. Annehmen. Loslassen.

Erfahrungen und Erleben sind individuell, weil wir alle einzigartig sind. Bewusst oder unbewusst. Alles gehört zu unserem Erfahrungsschatz. Aus den gesammelten Erlebnissen machen wir dann unsere Bewertungen. Finden unser Richtig und Falsch. Handeln danach und geben es weiter.

Die von uns getroffenen Entscheidungen und daraufhin gesammelten Erfahrungen dürfen als Geschenk des Lebens gesehen werden. Vielen Dank!

ANNAHMEFORMEL

EHRLICHKEIT + WEISHEIT = AKZEPTANZ

1. Ehrlichkeit: Schreib dir auf: Welchen deiner Fehler möchtest du nicht mehr erleben? Sei ganz ehrlich. Was hast du deiner Meinung nach falsch entschieden? Was war im Nachhinein ein Unsinn, für den du dich vielleicht schämst oder dich abwertest und verurteilst. Unser Verstand will ja immer cool dastehen, um von allen gemocht zu werden. Um kein Versager zu sein, setzt unser Gehirn auf Komfort und Sicherheit. Deshalb ist es ganz wichtig, dass du wirklich ehrlich zu dir selbst bist und so eine unterbewusste Selbstsabotage vermeidest.

2. Weisheit: Was hast du daraus gelernt? Was möchtest du nicht mehr wiederholen? Gibt es etwas, das positiv an der ganzen Sache war? Ein Perspektivenwechsel lässt uns oft erkennen, dass alles vielleicht gar nicht so schlimm war. Wechsle deinen Blickwinkel und schaue wie ein Adler, der das Ganze von oben sieht.

3. Akzeptanz: Annehmen, was war und eingestehen. Unser Verstand meckert da oft. Sage dir: Ja, ich habe einen Fehltritt gemacht. Ja, ich habe damals falsch entschieden, weil ich ein anderes Bewusstsein hatte. Ja, ich habe daraus gelernt. Ja, es ist gut, so wie es ist. Schreibe deine Akzeptanz auf. Am besten mit der Hand, denn laut Dr. Henning Beck, Neurowissenschaftler, schließt die Handschrift einen Denkprozess ein, der beim Tippen an der Tastatur wegfällt. Das Geschriebene wird eher nachgelesen und darauf werden künftige Gedankengänge aufgebaut.

TIPP:

Um die Annahme zu erleichtern, kann dir ein Umgebungswechsel helfen. Raus aus dem Alltagsleben. Mach die Übung an einem See, angelehnt an einen Baum oder vor knisterndem Kaminfeuer. Stell dir vor, dass du auf einem Ast in einem Baum oder auf der Vorhangstange sitzt und dir deine Erlebnisse von diesem Standpunkt aus anschaust.

Die Zeit, die du dir bewusst zum Reflektieren nimmst, beeinflusst die Zeit, die du brauchst, um die Geschehnisse annehmen und loslassen zu können. Habe Mitgefühl mit dir und übereile nichts.

Die Vergangenheit kann dir nichts mehr anhaben, wenn du über alles, was dir passiert ist, reden kannst und die Erinnerungen keine schmerzhaften und eventuell unerträglichen Gefühle bei dir auslösen. Wenn sich keine körperlichen Reaktionen mehr zeigen, zum Beispiel dein Magen krampft, du fast nicht mehr schlucken kannst, du einen Stich im Herzen spürst oder die Tränen fließen. Dann sind deine emotionalen Wunden geheilt und du erlebst den gefühlten Schmerz der Vergangenheit nicht mehr. Du hast sie akzeptiert und kannst deine Erlebnisse mit der ganzen Welt teilen und jedem davon erzählen, als wäre es das Normalste auf der Welt. Du kannst darüber witzeln und lachen.

Die beste Medizin ist ja ohnehin: das Lachen.

Wofür ist das eine Gelegenheit?

»Du bist so schön. Kann ich dich küssen?«, fragte mich Habib und packte mich fest an meinem Arm. Ich zog meine Hand von ihm zurück und wich einen Schritt zur Seite. »Nein.«

Schnell eilte ich in mein Zimmer, sperrte mich ein. Ich war in einem Beduinencamp im Sinai, Ägypten. Niemand kannte meinen genauen Standort. Ich war alleine. Und ich war nicht in meiner vollen Wahrnehmung. Unaufmerksam. Unvorsichtig. Denn ich hatte am Joint gezogen. Verdammt!

KNOCK. KNOCK. Pause. KNOCK. KNOCK.

Noch nie hatte ich auf meiner Reise so große Angst um meine Sicherheit gehabt. In meinem Kopf ratterte es: Ich bin so dumm, bescheuert, naiv.

»Wie komme ich von hier weg?«, fragte ich mich, als ich aufwachte. »Wofür ist das eine Gelegenheit?«

Ich richtete meine ganze Gedankenkraft auf eine schnelle Lösung. Nicht auf die aufkommenden Warum-Fragen. Warum habe ich es nicht schon vorher bemerkt? Warum bin ich hergekommen? Warum musste ich das wieder erfahren?

Innerhalb weniger Stunden saß ich in einem Bus nach Kairo.

Unser Gehirn ist immer auf der Suche nach Lösungen zu unseren emotionalen Problemen und Konflikten. Es möchte alles erklären und einen Grund finden, eine logische Erklärung. Deshalb stecken wir oft in der Vergangenheit fest. Wir analysieren, rätseln und suchen ein plausibles Motiv. Wir wollen verstehen. Warum ist mir das passiert? Warum ist er so gemein? Warum macht man das?

Ständig diese Warum-Fragen und keine raschen, passenden Antworten darauf. Wie ein nicht zu lösendes Rätsel. Mysteriös. In unserem Gehirn rumpelt es, wie die Wäsche in einer Waschmaschine mit Schleudergang. Am Tag. Bei Nacht.

Unser Hirn vergleicht die aktuelle Situation mit früheren Erlebnissen. Der Hippocampus ruft Gedächtnisinhalte ab. Der präfrontale Cortex verarbeitet Emotionen, indem er sie in das

Gesamtbild integriert, und zieht daraus Schlüsse für die beste Handlung. Wozu das Ganze? Um beim nächsten Mal nicht lange überlegen zu müssen. Eine Lösung parat zu haben. Schnell handeln zu können.

Einstein sagte: »Man muss die Dinge so einfach wie möglich machen. Aber nicht einfacher.«

Das wollen wir alle, wenn wir uns Aufgaben stellen. Einfach und leicht soll es gehen. Aber das gelingt uns nicht immer. Und das kann oft mehrere Ursachen haben. Wir Menschen sind ein hochkomplexes System, das in Wechselwirkung mit dem ganzen Universum steht. Das große Ganze überfordert oft unser Denken, da wir es nicht gleich verstehen können, aber rational einordnen wollen. Oft geht das einfach nicht. Gerade, wenn wir mit einem neuen Thema konfrontiert werden. Da kann es schon sein, dass unser Kopf rattert und wir überfordert sind.

Wenn etwas in unserem Leben schiefläuft, in der Liebe oder im Job, hat das oft nicht nur eine eindeutige Ursache. Es gibt unterschiedliche Gründe, die Auslöser sind.

Lernen und nicht lange zurückschauen. Egal, was passiert ist. Es geht immer weiter ... immer ... weiter.

Fragen wir uns ständig nach dem Warum, ist es, als hätten wir unseren Blick nur im Rückspiegel. Als führen wir in die verkehrte Richtung und machten eine Zeitreise in die Vergangenheit. Es mag sein, dass es manchmal notwendig ist, um das Symptom ergründen zu können. Der Wurzel allen Übels und dem Problem auf die Schliche zu kommen. Doch mitunter führen uns diese

Warum-Fragen lange im Kreis herum. Wir finden nie eine passende Antwort und schon gar keine Lösung für unser Problem. Fragen wir nach dem *Wofür*, ist unser Blick nach vorne gerichtet. Wir schauen durch die Windschutzscheibe und unserem Ziel entgegen.

Statt dich fünf Mal nach dem Warum zu fragen, frage einmal: WIDEG – Wofür ist das eine Gelegenheit?

MACH DEIN DING

Mut

Viel zu oft im Leben lassen wir uns dabei aufhalten, unser Ding zu machen. Meist blockieren wir uns selbst und vergleichen uns mit anderen, die schon viel Erfahrung haben oder bereits das erreicht haben, was wir gerne hätten. Oder finden eine andere plausible Erklärung, warum es eben nicht geht. Da sind wir oft sehr kreativ.

Manchmal will auch jemand anderer nicht, dass wir unser Ding durchziehen, und hält uns davon ab. Aus welchen Gründen auch immer. Letztlich sind wir es selbst, die eine Entscheidung treffen. Wir selbst sind unsere größten Kritiker. Unser Freund und Feind zugleich.

Meine Verstandsstimme Kleo habt ihr schon kennengelernt. Seit ich ihr einen Namen gegeben habe, fühlt sie sich gesehen und wir gehen Hand in Hand. Wenn wir auch nicht immer einer Meinung sind. Wir mögen uns und wissen, dass wir uns gegenseitig brauchen.

Ich wachte auf, rieb mir die Augen. Es war noch düster. Der Wind wehte einen strengen Geruch zu mir. Ziegen. Ich war unterwegs am Jesus-Trail in Isrcel und schlief auf einer Farm. Ziegen mochte ich. Vor allem den Käse. Darin könnte ich mich eingraben. In den Stallduft wiederum nicht. Ich verschwand in meinem Schlafsack und hielt mir die Nase zu.

Der Besitzer Noam hatte mir angeboten, länger zu bleiben. Ich fühlte mich sehr wohl bei ihm, denn wir hatten einen netten Abend verbracht. Viel gelacht. Geblödelt. Doch eigentlich hatte ich mir ein Ziel gesetzt: in vier Tagen den Jesus-Trail von Nazareth nach Kapernaum zu gehen.

Ich musste mich entscheiden. Bleiben und mit Noam die Zeit genießen oder weiterwandern und mein Ziel erreichen.

»Du machst es dir ja einfach«, sagte Kleo. »Am zweiten Tag gescheitert. Aufgegeben. Schwach. Untreu.« Sie lachte mich aus. »Du und dein Gefühl. Auf das ist Verlass. Das hätte ich dir gleich sagen können, dass du dein gestecktes Ziel nicht erreichen wirst. Dass ich nicht an dich glaube.«

»Ach, hör auf. Ich kann tun, was ich will. Nichts ist in Stein gemeißelt. Jederzeit ist alles änderbar.«

Im Studium lernte ich über die Zielerreichung. In der Theorie. Was ist mit den Ablenkungen? Den netten Verführungen an den Kreuzungen? Darüber hörte ich nichts, oder schon?

»Mimimi«, sagte ich zu Kleopatra und kraxelte aus dem Schlafsack. »Das klingt so einfach. Ist es aber nicht.« Ich hatte mich entschieden. Wenn mir die Wahl auch schwergefallen war, legte ich doch meine Shirts zurecht und packte.

Mit sich selbst zu reden ist eine Angewohnheit der Singles oder der Alten, sagt man. Aber das stimmt nicht. Es ist weit mehr und erfordert etwas Mut. Ich habe festgestellt, dass es mir sehr guttut. Ich spreche Worte aus und höre mich. Kann reflektieren und weiß, wie es in meinem Inneren aussieht. Wo es für mich weitergeht. Was mir guttut. Was mein Herz möchte. Manchmal plappere ich so vor mich hin. Zugegeben, meist schau ich mich um, ob eh niemand hier ist, der mich sehen könnte. Ver-rückt.

Der Gegenspieler von Mut ist die Angst. Wenn wir in einer Sache mutig sind, können wir nicht zeitgleich Angst vor ihr empfinden. Mut hat immer etwas mit Grenzüberwindung zu tun. Wir probieren aus. Entdecken. Erforschen. Wie weit können wir gehen? Wo ist das Maximum? Das Spiel lernten wir schon als Kind, denn wir haben die Nerven unserer Eltern getestet und sie auf die Palme gebracht.

Das eigene Ding durchzuziehen, erfordert Mut, Disziplin und Ausdauer.

If you can dream it, you can do it.

_ Walt Disney

Alles kann erreicht werden. Dass es einfach wird, sagt keiner. Aber es darf leicht gehen. Spielerisch.

Wenn wir uns Ziele setzen, dann sind wir auf die Zukunft ausgerichtet. Auf das Erschaffen. Wir hängen nicht ständig mit unseren Gedanken in der Vergangenheit fest. Beim letzten Streit mit Papa, bei der Meinungsverschiedenheit mit unserem Partner oder den Ungerechtigkeiten unseres Chefs. Ziele zu haben, mich auf ein Herzensprojekt zu fokussieren, hat mir sehr geholfen, als ich mit einem familiären Todesfall konfrontiert wurde.

Ich nahm mir Zeit, um zu trauern. Ließ mich allerdings nicht zu tief und zu lange hineinziehen. Alles schlimm. Ja. Aber das Leben geht weiter. Annehmen. Loslassen. Nach vorne schauen.

Wichtig ist, zu wissen, was ins Leben gezogen werden will oder wohin die Reise geht. Wie man dorthin kommt, ergibt sich, wenn man darauf vertraut.

Oft wissen wir nicht, was wir wollen. Alles gleichzeitig oder doch nichts davon und wir können uns nicht entscheiden. Schon ist der Zweifler in uns auf den Beinen. Eine Unsicherheit kann entstehen und die Angst vor der Zukunft gesellt sich dazu.

Zweifel sind Gift.

Glauben wir selber nicht an etwas, dann spiegelt das unser Außen wider. Menschen warnen uns vor dem Risiko. Wir lesen auf Facebook, dass es jemand anderer vor uns auch schon nicht geschafft hat, und wir glauben immer weniger an uns. Auf einmal halten wir die Sache für einen saublöden Plan. Bis wir es sein lassen und schlussendlich abhaken.

Wenn wir jemandem, der uns wohlgesinnt ist, voller Begeisterung erzählen, was wir vorhaben, dann wird er uns auf die Schulter klopfen und anfeuern. Glauben wir an uns, an unsere Projekte, dann werden wir erfolgreich werden und wir bleiben dran, lassen uns von Hindernissen am Weg nicht aufhalten. Bekommen mehr Mut und Selbstvertrauen.

Es gibt nur einen richtigen Weg. Deinen eigenen! Wer ein Ziel hat, kennt die Richtung, die es einzuschlagen gilt. Dann fallen Entscheidungen leichter. Wir agieren statt zu reagieren.

Das gilt für kurzfristige Ziele ebenso wie für langfristige. Bei den kurzfristigen Vorhaben bleiben wir nur eher dran und lassen uns von unserer Intuition leiten. Eine Tüte Eis vom Zanoni im ersten Bezirk in Wien um vier Uhr Nachmittag. Ja klar, da bin ich dabei. Bei Projekten mit einem Zeithorizont von vier Uhr nachmittags in zwei Jahren wird es schon schwieriger, um durchzuhalten und das Ziel zu erreichen. Ein Buch schreiben. Zehn Kilo abnehmen. Eine Reise rund um die Welt.
  Eis essen ist da viel einfacher.

Eine ausformulierte Zielsetzung unterstützt, um genau das ins Leben zu ziehen, was wir haben wollen, und unsere volle Aufmerksamkeit auf die eine Sache zu richten.

Jeder Gedanke hat Schöpferkraft und jedes Wort eine noch stärkere.

7-SCHRITTE-ZIELSETZUNG

1. DEIN ZIEL IST MOTIVIEREND.

Je mehr Vorteile du durch dein Wirken für dich, für andere Menschen oder die Natur erkennst, desto motivierender. Je attraktiver ein Ziel, je mehr Anziehungskraft, desto größer die intrinsische Motivation, es zu erreichen. Es fällt leichter, macht viel mehr Freude und Lust.

2. DEIN ZIEL IST ERREICHBAR.

Ein realistischer Blick auf alle Fähigkeiten und Ressourcen, die du für die Umsetzung benötigst. Wie groß sollen die Ziele sein? Es macht wenig Sinn, sich Ziele zu setzen, die von vornherein nicht erreichbar sind, andererseits hat es genauso wenig Sinn, ganz leichte Ziele zu formulieren. Wir brauchen eine gewisse Herausforderung.

3. DEIN ZIEL IST KONKRET UND MESSBAR.

Eine eindeutige, positive Formulierung in der Gegenwart, als ob du das Ziel schon erfüllt und erreicht hast. Jetzt. In diesem Moment. Wer sich selbst nicht kontrolliert, wird von anderen kontrolliert. Mache einen Erfolgscheck, brich dein Ziel auf Meilensteine herunter und hake ab, was du umgesetzt hast. Jedes Erfolgserlebnis motiviert.

4. DEIN ZIEL IST ZEITLICH LIMITIERT.

Du nimmst es ernst und zeigst dir, dass du bis zur Erreichung des Ziels durchhältst. Setze dir ein Limit, bis wann es zu erreichen ist. Kleine Etappenziele werden dir dabei helfen. Wenn du jeden Tag einige Schritte gehst, dann folgt der Erfolg. Manchmal kann auch etwas Druck durchaus dienlich und förderlich sein.

5. DEIN ZIEL IST FLEXIBEL.

Nicht jedes Ziel kann zu 100 Prozent erreicht werden. Lasse dir etwas Spielraum. Einen Monat früher oder später – egal.

6. DEIN ZIEL IST VERSCHRIFTLICHT.

Klare Worte und auf den Punkt gebracht. Aufgeschrieben und überall präsent. Auf die Tür geklebt, am Handydisplay und Kühlschrank.

7. DEIN ZIEL IST VISUALISIERBAR.

Ein Bild entsteht vor deinen geistigen Augen und du kannst dein Ziel sehen mit allen Vorteilen. Fühle die Freude, Begeisterung und Dankbarkeit. Feiere dich jeden Tag und klopfe dir auf deine Schultern. Yeah – sei stolz auf dich.

Setze deine Ziele große genug,
so richten sich die Umstände nach deinen Zielen.

_ Mahatma Ghandi

Um es dir leichter zu machen, kannst du dir vorstellen, wie du deiner Freundin die absolut brillantesten Neuigkeiten von dir erzählst. Was? Wann? Wo?

»Hi Sarah. Stell dir vor, dort wo ich mich als Projektcontrollerin in Wien beworben habe, die nehmen mich. So cool. Ich fange am 01.06.2021 an und verdiene mehr als € 3.000 netto im Monat.«

Auf dem Weg zum Ziel können viele Steine, Wurzeln oder sogar Felsbrocken liegen. Oft geben wir auf, weil es uns zu anstrengend wird. Ständig über die Hindernisse zu steigen, kann uns zu mühsam werden. Wir finden dann Ausreden, warum es jetzt doch nicht geht. Dabei tun wir uns oft leicht und überzeugende Argumente sind schnell gefunden. Ist uns das Ziel aber wirklich wichtig, dann machen wir nur eine Pause, atmen kurz durch und gehen weiter. So lange, bis wir das Ziel erreicht haben. Geschafft.

Ich habe nicht versagt. Ich habe nur 1000 Wege gefunden,
die nicht funktionieren.

_ Thomas A. Edison

Du rockst die Welt

Zwei Polizisten machten uns die Tür auf. Mein Reiseweg-
gefährte Santiago ging vor mir in das Polizeibüro in Wadi
Musa, Jordanien. Ich folgte. Drei Polizisten hinterher. »Pack
deinen Rucksack aus«, sagte ein Polizist mit Schnauzer zu
Santiago und stellte sich mit verschränkten Armen und
grimmigem Blick neben ihn.

Santiago öffnete seinen Rucksack. Zeigte den Polizisten
seine schmutzige Unterhose, eine löchrige Socke und ein
Kabel. Ich saß im Stuhl, lehnte mich zurück. Beobachtete.
Ein Polizist kam zu mir und setzte sich neben mich.

»Bist du verheiratet?«, fragte er mich.

»Ja. Mit mir«, sagte ich und deutete mit meinem Daumen
auf mich. Ich grinste, schaute weiterhin Santiago zu, der
jetzt die Zahnbürste herzeigte.

Der Polizist nahm sein Handy, zeigte mir ein Foto. Stolz saß
er auf einem Pferd. Viele Schafe waren um ihn herum. »Ich
habe einen Bauernhof und das sind meine Tiere. Jordani-
sche Männer sind gut. Willst du einen Jordanier heiraten?«,
fragte er mich.

»Warum nicht. Alles ist offen.« Ich überkreuzte meine Beine.
»Aber momentan reise ich. Mal sehen.«

»Ich heirate dich«, meinte er und schaute mir in die Augen.

Mit dem Angebot hatte ich nicht gerechnet. Fast fehlten
mir die Worte. Das war ein lustiges Theater hier auf dem
Polizeiposten.

»Ich biete 15 Kamele. Das ist ...«

Jetzt fand ich die Szene noch witziger. »Sind 15 Kamele
gut?«, fragte ich ihn. Klopfte mit meinem Zeigefinger auf
die Lippen, als würde ich darüber nachdenken.

Schon seh ich innere Bilder vor mir. Auf der Wiese grasen
Kühe. Interessiert schaut das Kalb die Eindringlinge an.
MUHHH. Ein Wüstennomade, in einem langen Hemd bis
zum Boden, einem rot-weißen Kopftuch und Sandalen, geht
die Straße hoch. Eine Karawane von 15 Höckertieren, mit
Seilen zusammengebunden, folgt. Meine Mama steht mit
Gummistiefeln am Brunnen. Ein Tuch um ihre Haare gewi-
ckelt, eine Schüssel Eier in der Hand. Als sie den Nomaden
und die Kamele sieht, rennt sie in den Stall. Schmeißt die
Tür zu. Schaut aus dem Fenster.

»Ja. Das ist gut«, sagte er. Nickte.

Ich erwachte aus meinem Gedankenwandern. Grinste. Er
lächelte mich an. Strahlte.

»Auspacken!«, forderte mich sein Kollege auf. Zeigte auf meinen Rucksack.

Auf das Herzeigen hatte ich überhaupt keine Lust. Drei Stunden saßen wir schon hier. Beantworteten alle Fragen. Zuerst wollten sie uns Angst machen. Spielten böser Polizist, guter Polizist. Sagten, dass wir eine Strafe zu zahlen hätten. Sie wollten alles tun, um uns zu helfen. Mittlerweile war's zwei Uhr in der Früh. Ich hatte genug. Strafe hin oder her.

Ich öffnete die Schnallen, machte den Reißverschluss auf und zog einen Plastikbeutel heraus. Binden, Tampons und Slipeinlagen. Ich griff hinein.

»Passt schon«, sagte der Polizist mit Schnauzer, drohte mit seinem Zeigefinger, dass ich aufhören sollte, und ging hinter seinen Schreibtisch. Meine Auspackerei war beendet. Ich setzte mich. War zufrieden.

Das Telefon klingelte. Der Polizist am Tisch hob ab. Ich verstand nicht, was er sagte. Konnte nur erahnen, worum es ging. Um uns. Weil wir Gesetze nicht beachtet hatten. Auf Einladung der Beduinen hatten wir in deren Höhlen genächtigt. Wir hatten viel Spaß. Hatten das einfache Leben der Nomaden kennengelernt. Aber das war nicht erlaubt, wie ich jetzt vom Leben lernte.

»Möchtest du eine Genehmigung, dass du beim alten Mann in Petra bleiben kannst? Er unterschreibt für dich«, fragte mich der Polizist.

*Überraschung. Noch ein Angebot, um länger zu bleiben.
Nach der Aktion konnte ich mir das nicht vorstellen.*

»Nein. Danke.«

*Er schrieb etwas auf einen Zettel. Gab ihr mir. Dazu einen
Stift und zeigte auf den Strich. Lesen konnte ich die arabi-
sche Schrift nicht. Ich unterschrieb.*

Hoffentlich war ich jetzt nicht verheiratet.

Ein Bild sagt mehr als 1000 Worte. Die schönste Form sich etwas
zu merken, ist in Bildern zu sehen. Je klarer das Bild vor dem
inneren Auge steht, desto besser siehst du deinen Weg. Laut Gerald Hüther, einem deutschen Neurobiologen, denken wir gerne
in Bildern, denn sie sind emotional reichhaltiger. Deshalb erzählen wir uns gerne Storys, lesen Märchen oder gucken Filme.
Wir zaubern uns Bilder auf unsere Netzhaut.

Ziele sollten zusätzlich in Bildern veranschaulicht werden, sonst
verlieren wir sie rasch aus den Augen. Du kennst bestimmt das
Sprichwort: aus den Augen, aus dem Sinn. Schnell landen die
jährlichen Neujahrsvorsätze in der Vergessenheit. Abnehmen.
Gesünder ernähren. Geld sparen. Nichts davon wird umgesetzt
und eingehalten. Alles, was wir nicht im Fokus haben, was aus
unserem Blickfeld verschwindet, ist bald Geschichte. Wir laufen weiterhin im Alltagstrott und nichts ändert sich. Wenn wir
aber unsere Ziele bildlich sehen, am besten jeden Tag, richten
wir unsere Aufmerksamkeit dorthin. Wenn dann noch unsere
Gedanken und Gefühle korrelieren, kommt es auch in unser Leben.

Es gibt verschiedene Darstellungsmöglichkeiten, um deine Ziele zu visualisieren und sie vor Augen zu haben. Du kannst jedes Ziel einzeln darstellen oder alle Ziele zusammen. Offline mit einer Collage oder online, wie ein Film deiner Zukunft. Je mehr Sinne du ansprichst, desto intensiver die Wirkung. Bist du dir unsicher, was das richtige Tool für dich ist, dann probiere es aus. Beide Varianten haben eine große Wirkung.

OFFLINE – VISIONBOARD

AUSRÜSTUNG:

- 1 Pinnwand, Tür oder Plakat
- 1 Pkg. Pinnnadeln bzw. Klebeband
- 1 Schere
- div. Zeitschriften, gedruckte Bilder und Sprüche aus dem Internet
- buntes Papier
- 1 Stift

WEGWEISER:

1. Inspiration ist alles. Suche dir für deine Ziele die geeigneten Bilder und Texte aus den Zeitschriften oder im Internet. Schneide sie aus.

2. Gestalte aktiv. Schreibe Zitate und motivierende Sprüche auf. Male. Klebe. Bastle.

3. Wenn du alle Bilder beisammen hast und lieber strukturiert arbeitest, kannst du sie ordnen. Hast du dir mit den zehn Lebensbereichen ein BEGIN-OF-LIFE-CHART gemacht? Dann nimm und ergänze das. So wie es für dich stimmig ist.

4. Platziere dein Visionsboard an einem Ort, wo du es jeden Tag siehst. Unser Unterbewusstsein verankert unsere Ziele, wenn wir sie vor Augen haben.

ONLINE – MINDMOVIE

AUSRÜSTUNG:
- · 1 Computer
- · 1 Software: Power Point bzw. ein Online-Visualisierungs-Tool
- · Internetverbindung

WEGWEISER:
1. Sammle passende Bilder, Texte, Videoclips und speichere sie in einem Ordner ab.

2. Wähle ein Lied (ca. 3 Minuten) aus, das deine Ziele am besten wiedergibt.

3. Erstelle so etwas wie eine Power-Point-Präsentation. Ziehe Bilder hinein, schreibe Affirmationen, füge Grafiken hinzu. Lasse die Musik dabei laufen. Vergiss nicht: Du bist der Drehbuchautor, Regisseur und Produzent. Gestalte frei nach deiner Fantasie.

4. Fertig und abspeichern nicht vergessen.

TIPP:
Ergänze deine Morgenroutine um einen Punkt: Schau dir dein Mindmovie jeden Tag in der Früh an. Es lässt sich auch hervorragend dazu tanzen. Dein Unterbewusstsein wird ausgerichtet – für mehr Mut und Selbstvertrauen. Du rockst die Welt. Yes.

Sei stolz auf dich

Oft sehnen wir uns danach, dass uns jemand auf die Schulter klopft, uns anfeuert und motiviert. Wir fühlen uns alleine und überfordert. Unsere intrinsische Motivation lässt nach und es kann sein, dass wir es sein lassen. Unser Ziel nicht weiterverfolgen. Was anderes tun. Scheiß drauf.

»Ich weiß nicht. Ich weiß nicht«, murmelte ich, steckte mir den Kugelschreiber in den Mund und biss daran herum. Ich saß am Schreibtisch und schrieb an meiner Master Thesis.

Ich atmete tief durch und schüttelte den Kopf. »Ich schaffe das nicht. Es geht einfach nichts weiter. Das passt sicher nicht.« Las nochmals das Geschriebene.

Ich lehnte mich zurück und schaute aus dem Fenster in den Garten. Der Schnee tröpfelte von der Kirschlorbeerhecke. Die Sonne schien, es war ein traumhaft schöner Sonntagnachmittag.

»Was mache ich hier eigentlich?«, fragte ich mich. Runzelte meine Stirn und starrte weiter verbittert ins Grüne. »Wozu das Ganze?«

Ich stand auf ging in die Küche, nahm einen großen Löffel und fuhr damit ins Nutellaglas. MHHHH.

Unser Belohnungssystem im Gehirn schreit nach einem Erfolgserlebnis. Wir vermissen das Dopamin in unserem Körper. Das uns dazu motiviert, weiterzumachen und die Hürde zu überwinden.

Warum mühen wir uns ab, Tag für Tag? Was treibt uns dazu? Die Antwort der Hirnforschung ist einfach: weil diese Tätigkeiten unser Lustzentrum aktivieren. Wir wollen Zufriedenheit und Freude spüren. Darum werden wir angespornt, bestimmte Dinge zu tun. Und wenn es uns gut gefällt, diese auch ständig zu wiederholen. Schlussendlich kann es uns süchtig machen.

Viele Menschen haben gelernt, den Weg zur neuronalen Belohnung abzukürzen. Mit Zigaretten, Alkohol oder Drogen. Sie greifen in unterschiedlicher Weise in die komplexen Mechanismen des Lustzentrums ein, bis das Gehirn damit eine Belohnung signalisiert und sie als mächtiger Motivator dienen. Auch Arbeit, Sport, Computerspiele und das Internet haben Suchtpotenzial. Alles, was in unserem Gehirn eine Belohnung auslöst, birgt die Gefahr, abhängig zu machen. Es liegt an jedem von uns, welche Motivation wir uns suchen und womit wir unser Motivationszentrum stimulieren. Langfristig hat das Folgen für unser Gehirn.

Unsere Gefühle sind wichtige Signalgeber. Sie mit Substanzen zu betäuben, führt ins Chaos und dann ziehen wir noch mehr davon an. Das ist ein Naturgesetz und das können wir nicht umgehen. Auch wenn es in gewissen schweren Lebensphasen unmöglich scheint: Momente des Zweifelns sind hervorragend für eine kurze Atempause.

Auszeiten sind wichtig, um sich selbst wahrzunehmen und aufzuladen.

Raus in die Natur. Hirn auslüften. Und ins Erfolgstagebuch schreiben. Oder besser noch, draußen einen schönen Platz suchen und schreiben. Der Turbo-Boost ist garantiert.

ERFOLGSTAGEBUCH

AUSRÜSTUNG:
· 1 leeres Buch
· 1 Stift

WEGWEISER:

1. Schreib das heutige Datum auf.

2. Überlege, was du schon alles im Leben erreicht hast. Schreib fünf Dinge in Stichworten auf, die dir gelungen sind oder positive Geschehnisse, die du erlebt hast. Vor drei Jahren, gestern oder heute. Einen Blogartikel geschrieben, die Steuererklärung abgegeben oder den Abschluss einer Ausbildung nachgeholt.

3. Schau dir dein gesetztes Ziel an. Wo bist du gestartet und wo bist du jetzt. Stufe dich auf einer Skala von 1 bis 10 ein, 10 das Ziel und absolut grandios. Wo stehst du gerade?

4. Schreib auf, was du bis hierher schon alles erreicht hast. Wofür du dankbar bist.

5. Würdige deinen Weg und klopfe dir drei Mal auf die Schulter. Sage dir: Yes. Ich bin super. Ich bin toll. Ich mache das großartig.

6. Schreib dir auf: Was ist der nächstmögliche kleinste Schritt, den du gehen kannst, um dein Ziel zu erreichen?

Wenn du ein Erfolgstagebuch schreibst, dann richtest du deinen Fokus auf positive Erlebnisse. Allein dadurch lenkst du dein Leben in Richtung Fülle. Du wirst künftig Dinge, die tagsüber passieren, viel bewusster wahrnehmen. Wenn dir etwas Schönes widerfährt, dann denkst du dir gleich: Wie cool, das schreibe ich in mein Buch und das Dopamin purzelt nur so in deinem Körper. Das Schreiben ist wie ein Training im Fitnesscenter. Je öfter du trainierst, desto kräftiger werden deine Muskeln. Aber bitte Vorsicht: Das hat Suchtpotenzial.

Achte auf deine Gedanken, denn sie werden zu Worten.
Achte auf deine Worte, denn sie werden zu Handlungen.
Achte auf deine Handlungen, denn sie werden zu Gewohnheiten.
Achte auf deine Gewohnheiten, denn sie werden dein Charakter.
Achte auf deinen Charakter, denn er wird dein Schicksal.

_ Chinesisches Sprichwort

Je mehr Erfolge wir haben, desto mehr Mut bekommen wir und werden dadurch immer stärker. Trauen uns mehr zu. Noch mehr. Und noch mehr. Bis es keine Grenzen mehr gibt und alles erreichbar ist.

Du bist es wert

Steve Jobs sagte: „Deine Zeit ist begrenzt. Verschwende sie nicht damit, das Leben eines anderen zu leben. Lass nicht zu, dass der Lärm der anderen Menschen deine eigene innere Stimme übertönt. Hab den Mut, deinem Herzen und deiner Intuition zu folgen."

Große Persönlichkeiten inspirieren uns und wir schauen oft zu ihnen auf. Sie verändern mit ihren Ideen die Welt. Martin Luther King, Mutter Teresa, Gandhi, alle hatten eine Vision. Wenn ich mit den Worten und ihren Taten in Resonanz gehe, dann schreibe ich mir die Sprüche in ein Buch oder klebe sie überall in der Wohnung auf. Sie beflügeln mich. Und immer, wenn ich nicht weiß, wie es weitergeht, werde ich erinnert. Erinnert, dass es anderen Menschen genauso ging. Großes zu erschaffen, braucht große Visionen.

ÜBUNG – GUEST VISION VIEW

Schau auf deinen Geburtstagstisch und betrachte die geladenen sieben Gäste. Welche Visionen haben sie? Wofür stehen sie? Womit trauen sie sich in die Öffentlichkeit? Dann stell dir vor: Was wolltest du gerne in deinem Leben tun, wenn Geld keine Rolle spielen würde?

Bei den meisten Visionären steht etwas Größeres als sie selbst im Fokus. Etwas, das sie antreibt. Es geht nicht mehr um sie und ihr Ego. Sondern um die Gesamtheit und um einen Beitrag zu einer besseren Welt.

Ich habe den Sinn meines Lebens darin gesehen, anderen zu helfen, in ihrem Leben einen Sinn zu sehen.

Viktor Frankl

Haben wir Visionen und richten wir unser Leben danach aus, dann werden wir unterstützt und Menschen kreuzen unsere Wege. Alles was wir brauchen, um unserem Ziel näher zu kommen, kommt auf uns zu. Doch dafür heißt es, Signale auszusenden. Wenn niemand weiß, was wir machen oder wollen, kann uns niemand unterstützen. Reden. Jedem erzählen, was du tun möchtest. Du wirst sehen, dass dich Leute anfeuern werden und schon bist du mitten im Rennen.

Eine Lebensgeschichte, die mich sehr inspiriert, ist die von Abraham Lincoln. Mit 31 erlebte er eine geschäftliche Pleite, mit 32 verlor er einen Wahlkampf, mit 34 erneut eine Pleite, mit 35 musste er den Tod seiner Freundin überwinden, mit 36 hatte er einen Nervenzusammenbruch, mit 38 verlor er die Wahl, mit 43, 46 und 48 unterlag er dem Kongress, mit 55 kämpfte er um den Senatorenplatz und verlor, mit 56 erreichte er nicht sein Ziel, Vizepräsident zu werden, mit 60 wurde er zum Präsidenten der Vereinigten Staaten gewählt. Hätte er Staatsoberhaupt werden können, wenn er seine Niederlagen als Misserfolge angeschaut hätte und keiner Vision gefolgt wäre?

Visionäre denken groß und grenzenlos. Lassen sich nicht aufhalten, verlieren ihre Ziele nicht aus den Augen und folgen ihren Zukunftsbildern. Wenn es auch mal länger dauert als geplant. Dazu gehört: flexibel und offen sein für die Wunder am Weg. Und keine Scheu zu haben loszulassen, was nicht dem Ziel und der Vision dient.

ÜBUNG – VISION VIEW

Fragen, die dir helfen können, deine Vision zu finden.

Was möchte ich erschaffen? Für wen auf der Welt kann ich mit meinem Sein eine Änderung, einen Unterschied bewirken? Inwiefern wird die Welt ein besserer Ort, weil ich hier gewesen bin und dazu beigetragen habe?

Oft entwickeln sich Visionen aus banalen Dingen, die aus einem Problem entstehen, das uns nervt und unzufrieden macht. Wir wollen etwas verbessern.

Haben wir ein Problem, setzen wir uns damit auseinander und stellen Fragen, dann kann es sein, dass wir an einen Punkt gelangen, wo wir nicht mehr weiterkommen. Dann ist Distanz zum Thema gut. Radfahren. Wandern. Meditation. Gedanken und Ideen entwickeln sich, wenn wir das Unterbewusstsein mit unserem Wissen kooperieren lassen, und das braucht Zeit. Kannst du nicht alle Fragen gleich beantworten, dann lass sie kurz liegen. Die Balance zwischen Kontrolle und Ablenkung ist entscheidend, um auf gute Ideen zu kommen.

Als ich meine berufliche Erfüllung suchte, sagte mir ein Weggefährte: Vereine deine drei Leidenschaften, für die du brennst, das, was du am liebsten den ganzen Tag machen würdest, und dafür gehst du los. Dein inneres Feuer wird dich leiten. Vertraue. Und glaube nicht, dass du morgen schon dein Ziel erreicht hast. Das kannst du vergessen. Der Weg ist das Ziel. Genieße.

Ich glaube nicht, dass die Berufung etwas ist, das total einfach ist. Das wäre eine Illusion. Es ist ein Thema, für das du brennst. Etwas, über das du am liebsten den ganzen Tag reden möchtest und von dem du jedem erzählst, weil du es so cool findest. Oft ist es etwas, wo du dir am Beginn denkst: Nein. Geht gar nicht. Es wird dir vielleicht sogar große Angst machen. Doch genau dann weißt du, dass du richtigliegst.

Wenn du den obigen Fragen zur Visionssuche nachgehst, kommst du in Kontakt mit deinem Inneren und Magie passiert. Wer ein außergewöhnliches Leben erschaffen möchte, darf anfangen, auf eine außergewöhnliche Art und Weise zu denken. Über sich selbst. Über die anderen. Über die Welt. Das, was wir über uns selbst denken, wird das sein, was wir in die Welt tragen.

ZWEITER TEIL

LEERE DEINEN RUCKSACK

Loslassen

Wenn ich loslasse, was ich bin,
werde ich, was ich sein könnte.
Wenn ich loslasse, was ich habe,
bekomme ich, was ich brauche.

_ Lao Tse

In unserem Leben verändern sich Dinge oft rasend schnell. Wir kommen fast nicht mit, all die Geschehnisse um uns herum zu verarbeiten. Gerade erst vertraut gemacht und liebgewonnen und schon heißt es: Abschied nehmen. Goodbye. Loslassen.

Ich weiß gar nicht, wo ich anfangen soll mit meiner Aufzählung. Was ich schon alles loslassen musste, weil es mir weggenommen wurde, weil ein anderer eine Entscheidung getroffen hat oder weil ich es selbst so entschieden habe. Ständig dürfen wir uns von etwas trennen, was uns oft schwerfällt und was wir nicht loslassen wollen. Schon gar nicht freiwillig.

Das können materielle Dinge sein: eine Wohnung, ein Auto, Schuhe … Da räumen wir es lieber in den Keller oder auf den Dachboden. Statt es zu spenden, zu verschenken oder zu verkaufen.

Das können schlechte Gewohnheiten sein: eine Schokolade vor dem Schlafengehen essen, das Bett nicht machen, an den Fingernägeln kauen. Unser Verhalten fällt uns auf und wir wollen es nicht mehr. Aber wir können nicht davon ablassen. Tun es wieder. Wieder. Wieder.

Das können geliebte Menschen sein, weil wir uns gemeinsam für getrennte Wege entschieden haben oder nur ein Partner erklärt hat, lieber alleine weiterzugehen. Ohne uns. Vielleicht ist auch jemand frühzeitig von uns gegangen: Familienmitglieder, Partner, Lieblingstiere … Wir wollen es oft nicht wahrhaben und versuchen verzweifelt, den anderen zu halten.

Das können auch Gedanken sein, die immer und immer wiederkommen. Über etwas, das wir einmal falsch entschieden haben. Oder einen Fehler, den wir machten. Es kann sein, dass wir einen Autounfall verursacht haben, jemanden verletzt oder sogar getötet haben, weil wir eine Sekunde abgelenkt waren.
Es gibt viele Situationen in unserem Leben, in denen wir loslassen und uns von altem Ballast befreien wollen. Auch müssen. Je mehr Gefühle und Emotionen mit einem Gegenstand, einem Ort, einem Menschen oder einem Tier verbunden sind, desto schwerer wird es uns fallen. Wir fühlen uns verbunden. Wie ein starkes, unsichtbares Band, das die Verbindung aufrechterhält.

Wir Menschen sind Gefühlswesen und brauchen uns. Die Verbindung hatten wir schon als Kind über die Nabelschnur mit unserer Mutter. Auch wenn sie längst durchtrennt ist, wird sie immer bestehen bleiben. Sie hat uns einmal genährt und uns ein Zuhause gegeben und begleitet. Und vor allem haben wir einmal geglaubt, dass wir ohne sie nicht überleben können. Diese Verbundenheit wird immer da sein. Egal, ob wir wenig Kontakt zu unseren Müttern haben oder sie schon im Jenseits sind.

In unserem Leben geht es um: Annehmen, was ist, und loslassen.

Die Sonne blinzelte zwischen den Bucher durch, erhellte mein Gesicht. Ich blieb stehen und nahm einen tiefen Atemzug. Vergangene Nacht hatte es Reif gegeben, das Gras war noch starr vor Kälte.

Ich beobachtete, wie ein, zwei, drei Blätter sanft zu Boden fielen.

»Loslassen«, sagte ich mir. »Jedes Jahr macht ihr das.« Ich bückte mich, hob ein gelb-oranges Buchenblatt auf und betrachtete es. »Faszinierend, wie die Natur begreift, wann es Zeit ist, um loszulassen.«

Ganz einfach scheint es. Ohne Anstrengung. Schwerelos.

Wenn wir es schaffen von äußerlichen Einflüssen, die uns nicht guttun, loszulassen, dann können wir uns auch leichter befreien von innerlichen negativen Denkmustern, alten Lasten, Ängsten und zu hohen Erwartungen. Erst wenn wir uns entlasten, haben wir Platz für Neues. Wie in unserem Kleiderschrank. Wenn wir ihn nie ausräumen, werden wir irgendwann keine neuen Klamotten in den Schrank hängen können. In unserem Gehirn verhält es sich genauso. Wenn wir nicht ausräumen und loslassen, können wir nur schwer neue Dinge angehen, weil kein Platz dafür ist.

Wenn du glaubst, dass es ein allgemeines, schnelles Geheimrezept fürs Loslassen gibt, muss ich dich enttäuschen. Je tiefer die Erlebnisse und je mehr Gefühle du verspürt hast, desto länger kann es dauern. Alles braucht seine Zeit. Was ich dir geben kann, sind Tools und Techniken, die dir helfen, leichter loslassen zu können. Werkzeuge, die mich schon lange begleiten. Denn immer wieder werde auch ich in meinem Leben aufgefordert, Dinge und auch Menschen gehen zu lassen. Trotz jahrelanger Übung fällt es mir nicht immer leicht, aber mit den Techniken wird der Weg viel einfacher.

BLEIB AUF DEINEM WEG

Macht

Mittagspause. Ich saß mit zwei Kolleginnen in der firmeneigenen Kantine, stocherte im Kürbisrisotto. Lustlos. Der Tag war wieder einmal Kacke.

»Hast du das auch gehört, dass der Dieter gehen muss«, sagte Sabine und biss vom Brot ab. »Er soll eine Präsentation für den Vorstand vermasselt haben.«

Michaela fiel die Gabel aus der Hand, sie knallte auf den Tellerrand. »Shit«, säuselte sie. Versuchte zu grinsen und schaute ihre weiße Bluse an. »Oh, Gott sei Dank. Kein Fleck. Oder seht ihr was?«, fragte sie uns.

Wir schüttelten unsere Köpfe.

»Mich wundert es nicht, dass der Dieter abgesägt wird«, sagte Michaela und nahm ihre Gabel wieder in die Hand. »Er ist voll langsam. Arbeitet total umständlich und ist nicht gerade beliebt.«

Solche und ähnliche Gespräche führten wir ständig im Büro. Wir lästerten, kritisierten und klagten. Wir verglichen und jammerten. Es gab jede Menge Zündstoff und der Tratsch füllte unsere Pausengespräche.

Wenn wir viele Gespräche dieser Art haben, werden durch das Jammern Muster in unserem Gehirn abgespeichert. Und bei jeder sich bietenden Gelegenheit (Stau, Wetter, Rückenschmerzen) spulen wir wieder unsere Leier ab. Je öfter wir negativ denken, desto ausgeprägter werden die synaptischen Verbindungen und desto schneller kann das Gehirn die Verhaltensweise auch abrufen. Aus schmalen Wanderwegen werden dreispurige Autobahnen. Schnell kommt es und wir sind uns des Jammerns gar nicht mehr bewusst, fahren ohne zu überlegen am Highway.

Studien haben gezeigt, dass durch ständiges Nörgeln, das in uns Langzeitstress auslöst, der Hippocampus schrumpft. Jene Hirnregion, die wir für das logische Denken brauchen. Den ganzen Tag solchen Gedankenmustern ausgesetzt zu sein, lässt den Cortisolspiegel im Körper steigen. Unser Immunsystem wird geschwächt und wir sind anfälliger für Viren und Infekte. Das Risiko für Herz-Kreislauf-Erkrankungen, Diabetes und Bluthochdruck steigt. An erholsamen Schlaf ist nicht mehr zu denken.

Das eigene Lamentieren ist ungesund, aber auch das Meckern von anderen Menschen in unserem Umfeld ist gesundheitsschädlich. Wir werden von der schlechten Laune angesteckt und mit hinuntergezogen.

Je mehr wir andere kritisieren, desto mehr sehen wir automatisch das Schlechte auch in uns und unser Tag wird noch beschissener. Suchen wir hingegen etwas Gutes, erkennen wir unsere besten Seiten an uns.

ÜBUNG – BLICKWECHSEL

Schreibe die Kritik der anderen Person auf einen Zettel. Neben jeden Punkt notierst du zehn gute Eigenschaften der betreffenden Person.

Die Übung eignet sich auch sehr gut, um mit den eigenen Eltern Frieden zu schließen. Viele Jahre sah ich nur ihre negativen Eigenschaften. All das, was sie – meiner Meinung nach – falsch gemacht hatten. Denn ich verglich mein Aufwachsen mit anderen Menschen, denen es besser ging und die alles und mehr hatten und bekamen. Ich sah die guten Dinge nicht, die meine Eltern für mich getan hatten. Ich hatte jeden Tag gesundes Essen auf dem Tisch, ein großes Zimmer nur für mich und durfte Hasen im Stall halten. Noch dazu hatte ich unzählige Freiheiten am Hof. Durfte im Bach spielen, auf die Apfelbäume klettern und im Wald etwas bauen. Heute sehe ich meine Kindheit und mein Aufwachsen aus einer anderen Perspektive. Ich fand Vergebung und meinen inneren Frieden.

Oft neigen wir dazu, dass wir uns auf Schwächen konzentrieren und unsere Stärken dabei vergessen. Wir kritisieren uns selbst. Dabei haben wir alle unsere guten und schlechten Seiten. Den Fokus auf unsere positiven Eigenschaften zu lenken, bringt uns zum Strahlen und wir leben eindeutig viel gesünder.

Leider ist das positive Denken im Alltag alles andere als einfach. Wenn wieder einmal unser Lieblingsgebäck ausverkauft ist, unsere Haare sich nicht stylen lassen wollen oder in den Nachrichten von einem Raub berichtet wird. Wir sind umzingelt von Negativität. Kein Wunder, dass wir genauso austeilen. Mehr über die schlimmen Dinge in der Welt tratschen, als über die freudigen Dinge lachen.

Die Macht, auf das eigene Denken und Verhalten einzuwirken, liegt bei jedem Einzelnen. Wir können entscheiden, in welche Richtung wir gehen.

Das Glück deines Lebens hängt von der Beschaffenheit deiner Gedanken ab.

_ Marc Aurel

Auf meiner fünfmonatigen Reise von Israel über Jordanien, Ägypten und den Sudan nach Äthiopien habe ich gelernt, den Fokus voll bei mir zu haben. Mich von den negativen Bildern, Erlebnissen und Begegnungen nicht zu lange einfangen zu lassen. Das hätte sonst für mich sehr gefährlich werden können, wenn ich nicht achtsam unterwegs gewesen wäre. Nicht nur, dass ich vielleicht beim Wandern gestürzt wäre, sondern auch, dass ich Wegbegegnungen gehabt hätte, die unangenehme Erfahrungen mit sich gebracht hätten. Ich achtete daher bewusst auf meine Gedanken. Hörte zu, was ich mir selbst einredete, reflektierte mit meinem Gedankenwanderbuch und ließ die negativen Gedanken schnell wieder los.

Wer reist, der erlebt und lernt sich selbst besser kennen. Vor allem ohne Sicherheiten. Die täglichen Herausforderungen brauchen Achtsamkeit.

Hängen wir zu lange in einem Gedankenkarussell fest, dann macht uns das müde und wir kommen nicht weiter. Machen wir uns Sorgen um andere, dann geben wir unsere Energie ab. Unser Hirn sucht immer nach Lösungen für Probleme. Sind wir ständig in Gedanken bei anderen, dann fehlt uns die Kraft für unsere eigenen Themen. Auch sind wir nicht mehr so achtsam im Alltag und Missgeschicke passieren viel leichter. In den Finger geschnitten, mit dem Fuß umgeknickt oder den Autoschlüssel vergessen.

AUFGABE – GEDANKENSTOPP

Sag bewusst: Stopp. Jetzt nicht. Wenn du merkst, dass deine Gedanken weiterlaufen oder du sogar kurz vor einer Dramainszenierung bist, dann sag dir ein Gedicht, einen Liedertext oder ein Mantra auf. Lerne einige auswendig. Sie sind dann immer mit dabei und zur Hand. Egal, wo du bist.

Hier eines meiner Lieblingsgedichte von Rainer Maria Rilke:

Ich will ein Garten sein, an dessen Bronnen
die vielen Träume neue Blumen brächen,
die einen abgesondert und versonnen,
und die geeint in schweigsamen Gesprächen.

Und wo sie schreiten, über ihren Häuptern
will ich mit Worten wie mit Wipfeln rauschen,
und wo sie ruhen, will ich den Betäubten
mit meinem Schweigen in den Schlummer lauschen.

Um aus der Grübelei zu kommen, kannst du auch *Alle meine Entlein* singen, denn es muss nicht großartig intellektuell und nicht zu komplex sein. Es kann auch ein Gebet sein. Wenn du mit einem Text in Resonanz gehst, lernst du diesen mit Leichtigkeit. Früher sagte ich oft Aufzugsmusik dazu, denn wenn mich jemand vollquatschte und ich nicht unhöflich sein wollte, dann sang ich in Gedanken zu meinen Liedern, wie Playback. Das half mir, meine positive Laune zu erhalten und mich vom Gespräch nicht runterziehen zu lassen. Mich höflich abzugrenzen.

Das braucht etwas Übung. Doch nach einigen Wiederholungen der Texte hast du die synaptischen Verbindungen im Gehirn und du kannst sie, sollte dich jemand mitten in der Nacht schütteln, wie aus der Pistole geschossen aufsagen. Garantiert.

LASS LOS, WAS DU NICHT MEHR BRAUCHST

Freiheit

Lebensqualität bekommen wir, wenn wir äußerliche Einflüsse und innerliche Blockaden loslassen, die uns runterziehen. Wir verändern uns aus zwei Gründen: Wenn wir Schmerzen vermeiden können oder wenn wir eine Belohnung erhalten. Im Außen können wir uns vieles einrichten, damit wir uns wohlfühlen. Nervt unsere Wohnsituation, dann können wir umziehen. Macht uns der Job nicht mehr zufrieden, dann wechseln wir den Arbeitgeber oder machen uns selbstständig.

Das Loslassen unserer Glaubenssätze, Prägungen und Überzeugungen ist meist hartnäckiger, denn sie sind schon lange in uns gespeichert. Seit wir geboren wurden und manche auch schon davor. Wie die moderne Pränatalpsychologie unter Beweis stellt, die die Entstehung der Persönlichkeit im Laufe der Schwangerschaft erforscht.

Jeder lebt in seiner eigenen Welt. Wie er erzogen wurde, was er gesehen und erlebt hat. Und gibt das, was er kennt und was ihm vertraut ist, weiter.

Wenn wir nicht die Wurzel ergründen, sondern nur die Symptome lindern, werden wir uns ewig im Kreis drehen. Wir werden es nie schaffen unsere Gewohnheiten zu verändern, wie mit dem Rauchen aufzuhören, abzunehmen oder auch unsere Träume zu leben.

ÜBUNG – WAS WILL ICH LOSLASSEN?

Stelle dir eine Waage vor. Auf der linken Seite ist das Plus, auf der rechten Seite ein Minus. Nimm einen Zettel und mach einen Strich in der Mitte. Überlege dir, was du loslassen möchtest? Ist es eine Beziehung? Ein Paar Schuhe? Eine Wohnung? Dann frage dich: Was gewinne ich beim Loslassen? Schreib die positiven Argumente (zum Beispiel: Ich bin glücklicher. Habe mehr Geld oder Zeit. Werde selbstbewusster) in die linke Spalte. Was verliere ich, wenn ich loslasse? Kommt in die rechte Spalte. Das kann sein: dass du dich einsam fühlst. Die gewohnte Umgebung dir fehlt. Du Angst hast.

Je mehr positive Antworten du findest und je überzeugter du davon bist, desto leichter wird dir das Loslassen fallen.

TIPP:

Hänge oder lege die Liste an einen Platz, wo du sie siehst, und hebe die Pro-Argumente in Farbe hervor.

Laut dem deutschen Hirnforscher Manfred Spitzer kommen in unserem Gehirn rund 2,5 Millionen Nervenfasern an. Jeder Nerv kann bis zu 300 Impulse pro Sekunde abfeuern. Im Schnitt verarbeiten wir etwa 750 Millionen Bits pro Sekunde. Das sind laut dem Nobelpreisträger und Neurowissenschaftler Eric Kandel geschätzte 50.000 bis 70.000 Gedanken pro Tag.

Alles, was wir im Außen mit unseren Sinnen wahrnehmen, beeinflusst auch unser Denken und Fühlen. Durch das Biofeedback im Körper sind wir mit allem verbunden und stehen in Wechselwirkung zueinander.

Hätte ich auf all die negativen Schlagzeilen gehört, wäre ich nie in den Sudan gereist, denn die Medien waren und sind voll mit schlechten Nachrichten. Ich hätte nicht diese unglaublichen Glücksmomente erlebt, denn die Begegnungen mit den Menschen machten diese fünf Wochen zu einem Highlight meiner Reise. Für mich wird der Sudan daher immer das Land sein, das mich am meisten gelehrt hat, wo ich am meisten gewachsen bin und mich erkannt habe. Meine Stärken und auch meine Grenzen.

Es mag sein, dass ich aufgrund meiner Lebenserfahrungen eher risikobereit bin und mir das Abenteuer mehr liegt als so manch anderem Menschen. Ich bewege mich gerne aus der Komfortzone heraus und probiere Neues aus. Schau, was möglich ist, und bleibe immer offen für Wunder. Das sind meine Neugierde und mein Wissensdurst. Ich versuche, in jeder Situation etwas Positives zu sehen und Lösungen zu finden.

Ich feierte mit Frauen im Sudan Hochzeit. Dabei war mein Kleid aufgerissen. Jetzt hätte ich mich ärgern können, da ich nichts zum Nähen dabeihatte. Und eigentlich hätte ich auch aufpassen können. Oder ich suchte nach einer schnellen Lösung.

Ich schlenderte durch die staubigen Gassen, vorbei am Markt, runter zum Nil. Am Rückweg sah ich einen Greis an einer Nähmaschine in der Gasse sitzen. Genau ihn suchte ich. Treffer.

Ich hatte mein Kleid an, zeigte auf die offene Naht. Zehn Zentimeter. Der Alte bückte sich, nahm das Kleid in seine Hände.

»Kann ich dir helfen?«, rief ein Herr hinter meinem Rücken und stellte sich zu uns.

»Mein Kleid ist aufgerissen. Könnt ihr es nähen?«, fragte ich, auf einer Stufe stehend.

Der Herr mit der weißen Mütze rückte den Tisch mit der Nähmaschine heran, fädelte einen Faden ein und wischte einen Tropfen Öl weg. Schnappte sich mein Kleid und schon war ich eingespannt. Er drehte am Rad, stach die Nadel in den Stoff und kurbelte. Die Maschine knatterte los. Stillstand. Ich hing fest an einer Nähmaschine im Sudan. Er musste den Faden abschneiden. Erneut schepperte es. Ich versuchte, nicht zu viel Haut zu zeigen. OHA. »Andrea. Andrea«, sagte ich mir. Ein Polizist kam, schaute uns zu. Die Hände in die Hüfte gestemmt. Ich lachte, fand die Szene lustig.

Der Greis schnitt die Fäden ab. TÄTÄ. Ich war frei. Mein Kleid war wieder ganz. »Shukran.« Ich strahlte über das ganze Gesicht. »Wie viel?«

Er schüttelte den Kopf. »Du bist Gast. Schön, dass du in unserem Land bist.«

Ich hatte viele einzigartige Erlebnisse. Einige davon waren allerdings keine angenehmen Erfahrungen und da hätte schon etwas passieren können. Vielleicht hätte ich auch sterben können.

Hätte. Würde. Könnte.

Statt ins Vertrauen zu gehen, sind wir zu sehr im Denken, was alles passieren könnte, und diese Angst vor der Zukunft hemmt uns oft, den ersten Schritt zu machen. Die grenzenlose Freiheit liegt aber hinter der Angst und hinter unseren eingefahrenen Mustern. Dort, wo es für uns auch einmal unangenehm werden kann. Genau da steckt unser Potenzial.

Doch dazu müssen wir das Angstzentrum in unserem Hirn verstehen. Die Amygdala ist der Wachhund und kaum hört sie Geräusche außerhalb der Komfortzone, bellt sie, oft sehr laut. Ihr erinnert euch an den Säbelzahntiger. Angriff oder Flucht. So reagiert die Amygdala auch bei schwierigen Herausforderungen. Eine Präsentation vor dem Finanzchef halten, und schon wittert sie Lebensgefahr. *Ich schaffe das nicht* oder *Ich bin zu blöd* reden wir uns dann ein und schon können wir nicht mehr klar denken, finden noch tausend Argumente dagegen und verspannen uns. In solchen Stresssituationen blockieren wir uns selbst und finden schon gar keine schnellen Lösungen.

Laut Studien denken wir rund 90 Prozent dieselben Gedanken wie am Vortag. Dieselben Gedanken führen zu demselben Verhalten, die zu denselben Erfahrungen, denselben Gefühlen und

Emotionen und die wiederum zu denselben Gedanken führen. Wie auf einem Drehscheiben-Karussell auf dem Spielplatz. Ausstieg gibt es nur, wenn man bereit ist, bewusst anzuhalten und hinzusehen.

Loslassen im Außen

An seinem Ärger festzuhalten, ist genauso wie eine glühende Kohle in die Hand zu nehmen, um sie nach jemandem zu werfen; du bist derjenige, der sich verbrennt.

_ Buddha

Loslassen von äußeren Einflüssen bringt uns Leichtigkeit, weil unsere Wertvorstellungen nicht ständig beeinträchtigt werden. Daher rate ich dir, Auslöser von negativen Gedanken und Gefühlen zu beseitigen oder zu umgehen. Gib die geschenkte Tasche deines Ex-Freundes weg, hör dir nicht das Lied an, das dich an deine Ex-Freundin erinnert oder geh nicht ins Lieblingscafé deines ehemaligen Chefs, wenn du Unangenehmes mit ihm verbindest. Wenn du von Dingen und Orten loslässt, kannst du auch emotional leichter loslassen. Distanzierung schützt dich. Was nicht heißt, dass du nie wieder an eine unangenehme Situation erinnert wirst. Doch jede offene Wunde tut irgendwann nicht mehr weh und verheilt, so dass wir bald gar nichts mehr davon sehen, oder wird zu einer Narbe.

Ständig jedem aus dem Weg zu gehen, um nicht gespiegelt und somit erinnert zu werden, ist nicht möglich. Außer wir beschließen als Einsiedler in den Rocky Mountains zu leben. Ansonsten wird es immer Menschen in unserem Umfeld geben, die ihren Gedankenmüll bei uns abladen wollen oder uns mit Themen konfrontieren, die in uns negative Gedanken und Gefühle antriggern können. Die Verwandtschaft kann man sich halt nicht aussuchen. Eltern. Geschwister. Tanten. Kollegen und Vereinskolleginnen oft auch nicht.

Was du aber tun kannst, sind folgende drei Möglichkeiten :

Begrenze deine Zeit

Du kannst bestimmen, wie viel Zeit die Menschen in deinem näheren Umfeld einnehmen dürfen, und du erlaubst, wie breit sie sich machen dürfen. Eine Stunde. Einen Tag. Eine Woche. Wie viel Zeit tut dir gut? Egal, ob du sie persönlich triffst oder nur am Telefon. Du bestimmst.

80/20 Regel

Deine Zeit ist das Kostbarste, das du besitzt. Verschenke sie an Menschen, die die gleichen Werte wie du leben und wenn möglich die gleichen Ziele verfolgen. An Menschen, die dich inspirieren, statt dich hinunterziehen. Umgib dich zu 80 Prozent mit Menschen, die auf welche Weise auch immer, besser sind als du: glücklicher, zufriedener, spiritueller. Mach eine Ausbildung, nimm an einem Workshop teil oder geh zu einer Tanzveranstaltung. Dort triffst du auf gleichgesinnte Menschen, ihr habt einen gemeinsamen Fokus und könnt euch austauschen. Das bereichert.

Suche nicht nach Lösungen von Problemen anderer

Zuhören ist eine Stärke. Wenn du die Kraft und Zeit hast, dann mach es. Wenn es dich wenig Aufwand kostet, umso besser.

Meist ist es so, dass wir den Menschen helfen wollen und nach einer möglichen Lösung für deren Problem suchen. Geben wir einen Rat und teilen wir, was wir glauben oder was uns geholfen hat, wird das oft nicht angenommen. Schon gar nicht umgesetzt. Die Person macht einfach nichts. Außer uns immer und immer wieder von ihren ewiggleichen Problemen zu erzählen. Das kann uns frustrieren, wenn unsere gut gemeinten Ratschläge nicht angenommen werden. Manche Menschen bleiben gerne in der Opferrolle, wollen auch nichts verändern, und das gilt es zu akzeptieren. Wir können niemanden retten, der sich nicht retten lassen will. Hast du nicht die Kompetenz und Erfahrung, dann mache sie mit Menschen bekannt, die sie weiterbringen könnten, oder gib eine Buchempfehlung. Vielleicht verstehen sie nur unsere Worte nicht und finden dort eine Lösung für ihr Problem.

Neinsagen ist Jasagen zum eigenen Leben. Es bedarf etwas Mut, weil man niemanden verärgern, schon gar nicht aus einer Gruppe ausgeschlossen werden will. Das Leben in einer Gruppe bot unseren Vorfahren überlebenswichtigen Schutz. Wer ausgestoßen oder von der Gemeinschaft zurückgewiesen wurde, hatte geringere Überlebenschancen. Daher haben wir große Angst vor einer Ablehnung.

Früher war ich daher eine Ja-Sagerin. Auch wenn sich mein Körper wehrte und mein Bauch noch so krampfte, konnte ich nicht Nein sagen. Im Job und auch in meinen Beziehungen. Ich hatte große Furcht, nicht mehr gemocht zu werden, und wollte bei allen gut ankommen. Irgendwann habe ich mich getraut und öfter Nein gesagt, wenn es für mich nicht stimmig war. Da habe ich gemerkt, dass es okay ist und mir deshalb niemand etwas tut und mich keiner deshalb weniger mag. Das war ein langer Prozess mit vielen kleinen Schritten.

Womit ich mir noch immer schwer tue, sind Absagen bei Dates. Es sind diese Augenblicke, in denen man etwas wagt, in denen Adrenalin durch den Körper schießt – und dann der Stich ins Herz folgt. Das habe ich selbst unzählige Male in der Vergangenheit erlebt und jede neue Zurückweisung tut wieder genauso weh.

Traummann kennengelernt. Gelacht. Gescherzt. Geblödelt. Nummern ausgetauscht. Angeschrieben für ein weiteres Treffen. Rückmeldung: Sorry, es passt nicht.

Heute überleben wir aufgrund moderner Annehmlichkeiten und Sicherheitsnetze auch alleine. Trotzdem reagiert unser Körper bei einer Zurückweisung wie vor Tausenden von Jahren: mit Schmerz.

Die US-Psychologin Naomi Eisenberger und ihr Team vom Department of Psychology der University of California in Los Angeles hat mit bildgebenden Verfahren die Gehirnaktivität von Probanden gemessen, die Situationen von sozialer Zurückweisung ausgesetzt wurden. Die Folge: eine erhöhte Aktivität in jenen zwei Hirnregionen, die auch bei physischem Schmerz aktiviert werden.

Die Forscher vermuten den Grund für die Parallele zwischen seelischer und körperlicher Schmerzverarbeitung in der Sorge um das Überleben. Um fortzubestehen, werden wir rechtzeitig und spürbar gewarnt. Unser körpereigenes Alarmsystem reagiert.

Wir dürfen uns öfter darin üben, im Neinsagen. Das wahrt unsere Grenzen und wir bleiben bei uns selbst. Sonst laden wir uns zu viel in unseren Rucksack ein und werden nicht aufrecht durchs Leben wandern können. Wir schlürfen dann gebückt, können uns nur schwer aufrichten, die Schultern hängen herunter und wir sind verspannt.

»Ich muss ins Spital, röntgen«, sagte sie und zeigte auf ihren Fuß. »Kann fast nicht gehen. Eh schon seit drei Wochen, aber ich habe mir gedacht, das vergeht eh wieder.«

Ich zog meine Augenbrauen nach oben, presste meine Lippen aufeinander und nickte.

Sie machte einen Schritt in ihren erdigen Gummistiefeln, schleifte das kranke Bein nach und schaute mich leidvoll an. »Der Doktor hat gemeint, dass ich Ruhe geben soll.«

»Dann hörst halt auf ihn«, sagte ich. Steckte meine Hände in die Jackentasche.

»Scheiße. Das tut so weh«, wimmerte sie. »Ich habe den Garten umgraben müssen und die Stauden waren auch zum Zurückschneiden. Hoffentlich ist nichts gebrochen.« Schmerzverzerrt schaute sie zu Boden.

»Gibst halt einmal Ruhe. So wie der Arzt dir das gesagt hat, dann wirst schnell wieder schmerzfrei sein.« Ich machte einen Schritt zurück. »Wenn du was sagst, dann helfe ich dir.«

»Ja, eh. Ich gehe jetzt die Kartoffeln ausgraben.« Sie
schlurfte gebückt davon.

Manche Menschen wollen nicht zuhören und nach Lösungen
suchen, schon gar nichts ändern oder sich eine Ruhepause gön-
nen. Denn in der Entspannung würden sie vielleicht Antworten auf ihr Leben bekommen. Sie haben ständig körperliche
Schmerzen Und haben sie selbst einmal nichts zu klagen, dann
wissen sie, wer gerade krank ist oder wo etwas Schlimmes passiert ist, und teilen das auch ausführlich mit. Wenn ich zu lange von solchen Leuten umgeben bin, habe ich das Gefühl, dass
mir ihr ständiges Jammern meine Energie nimmt. Als ob mir
die Luft zum Atmen fehlt. Ich fühle mich dann als menschlicher
Mistkübel, bis oben hin befüllt mit dem Gedankenmüll anderer.

Jeder Gedanke ist Energie. Nach intensiven Gesprächen ist es
deshalb ratsam uns zu reinigen und loszulassen von den Problemen anderer. Damit wir wieder voll und ganz bei uns sind
und nicht im Geiste bei der anderen Person und ihren Themen
hängen bleiben. Sonst fehlt uns die Kraft für unsere Projekte,
Ziele und Visionen.

Dabei kann uns die Natur unterstützen. Sie nimmt unsere Sorgen und Ängste an und füllt uns wieder auf mit frischer Energie. Daher arbeite ich auch mit den vier Elementen: Luft. Erde.
Feuer. Wasser. Ich nutze sie für das Loslassen und Reinigen von
Gedanken. Ich wähle jenes Element, wo es mich im Moment
gerade am stärksten hinzieht. Wenn du dir unsicher bist und
dich nicht entscheiden kannst, dann mache den Neige- oder
Arm-Test (Seite 34 und 37). Dein Unterbewusstsein weiß, was du
gerade brauchst.

WASSER

Wenn wir schmutzig oder verschwitzt sind, reinigt uns Wasser. Das gilt auch für schlechte Gedanken. Stell dich unter die Dusche und stell dir vor, wie von oben aus dem Duschkopf goldenes helles Licht in dich hineinströmt, und der ganze Gedankenmüll, das energieraubende Gespräch oder der entstandene Ärger über die Füße hinaus in den Abguss läuft.

Alternativ kannst du auch in einem See oder im Meer drei Mal untertauchen. Mit jedem Mal Abtauchen, gibst du deine Gedanken ab. Beim Auftauchen ziehst du dir die warmen Sonnenstrahlen über deinen Kopf hinein.

FEUER

Nimm einen Zettel und einen Stift und schreib dir alles von der Seele, das du loswerden willst. Was dich belastet. Was dich stört. Was du unfair findest. Dir gegenüber oder einer anderen Person. Lass deine Gedanken fließen. Nachdem du alles aufgelistet hast, nimm dir kurz Zeit und bedanke dich bei der anderen Person, mit der du einen Konflikt hattest, oder vielleicht auch bei dir. Dann zünde den Zettel an. Lass los und übergib deine Gedanken dem Feuer.

LUFT

Stelle dir eine Wolke am Himmel vor und setze deine Gedanken, die du loslassen möchtest, darauf. Befülle die Wolke mit allem, was nicht gut für dich ist. Und dann schicke sie weg. Gib ihr einen Stups und lass sie davontreiben. Sie nimmt alles mit sich, was dir nicht mehr dienlich ist.

ERDE

Suche dir einen Baum im Wald oder eine Zimmerpflanze. Berühre ihren Stamm, ihre Blätter und stell dir vor, wie du vom Himmel die Sonnenstrahlen über deinen Kopf aufnimmst. Wie all der negative Gedankenmist über deine Hände in die Pflanze geht. Wiederhole so lange, bis du das Gefühl hast, dass du alles, was dich gerade hindert, abgegeben hast.

Loslassen im Innen

Unser Gehirn funktioniert wie ein Computer. Alle unsere Gedanken, Worte und Bilder sind in Programmen hinterlegt und unser Verstand entscheidet, was er glaubt und was nicht. Er sortiert aus, verdrängt und speichert. Unsere Lebenserfahrungen prägen uns so sehr, dass wir in Situationen oft negativ oder auch irrational reagieren. Manchmal wundern wir uns im Nachhinein, warum wir damals so entschieden haben. Hinterher ist man halt oft schlauer.

Wenn wir auf die Welt kommen, sind wir keine unbeschriebenen Blätter. Wir tragen alle menschlichen Merkmale und die individuellen Erbanlagen unserer Eltern in uns. Studien zeigen, dass das innere und äußere Umfeld der Schwangeren einen großen Einfluss auf die Entwicklung des embryonalen Gehirns hat. Starker Stress, erst recht Überlebensängste übertragen sich von der Mutter auf das Kind und es werden weniger synaptische Verbindungen im Vorderhirn gebildet. Dieser Bereich ist zuständig für das kreative Denken und Überlegen.

Wenn ich zurückdenke, wie viel Stress meine Mutter hatte, dann weiß ich jetzt auch, dass sich das auf mich übertragen und somit mein Leben wesentlich geprägt hat.

Nach der Geburt wirken die Veranlagung und auch die Umgebung an unserer Entwicklung mit. Als Kind machten wir Erfahrungen und unsere Sinne holten Informationen darüber ein. Gerade bis zum Alter von zwei Jahren wächst unser Gehirn enorm. Daher konnten wir als Baby oft nur wenige Minuten wach bleiben.

Als Kinder lernten wir von den Menschen, die uns umgaben. Wie man isst. Wie man redet. Wie man sich verhält. Negative Sprüche brannten sich durch die Wiederholung in unser Gedächtnis ein. Wie die Rillen in eine Schallplatte. So lange, bis sie zu unserer Wahrheit wurden.

Aber wie jeden Computer können wir auch unsere Gedanken umprogrammieren. Wir können uns ständig neu erfinden und neue Identitäten leben. Unser negatives Denken verändern und stattdessen eine positive Sicht von uns selbst und anderen zulassen und speichern, um im Alltag leichter und freier unterwegs sein zu können.

Um uns tatsächlich wandeln zu können, müssen wir wissen, was uns ausmacht, wer wir sind und wo unsere Wurzeln liegen. Wir dürfen uns klarwerden, wer wir nicht länger sein wollen, denn dann passiert etwas ganz Natürliches: Bewusstwerdung. Dadurch können wir unseren Fokus ausrichten auf das, was wir aus unserem Leben machen wollen. Dazu heißt es: sich von alten Gewohnheiten zu lösen und neue Überzeugungen zu verankern.

Ein altes eingebranntes Muster von mir war, dass ich alles alleine schaffen muss. Daher konnte ich keine Unterstützung oder Hilfe annehmen. Ich probierte lieber so lange herum, verzweifelte dabei so oft, als dass ich jemanden fragte, mir zu helfen und mir dadurch den Weg leichter zu machen. Nicht nur, dass es Zeit kostete, sondern es nahm mir auch Lebensenergie. Ich konnte mich bei Problemen nicht öffnen da ich nur schwer jemandem vertraute. Dass ich mir professionelle Unterstützung, wie von einem Coach oder Therapeuten nehme, kam für mich nie in Betracht. Sowas nimmt man sich ja nur, wenn man schwach oder krank ist. So eingefahren waren meine Glaubenssätze und Überzeugungen.

Laut den jüngsten Entdeckungen der Neurowissenschaften liegt es an der Neuroplastizität, dass wir uns neu designen können. Unsere Nervenzellen im Gehirn können sich immer wieder neu verdrahten und verschalten. Jeder Gedanke und jede Information, die wir aufnehmen, jede getroffene Entscheidung und alle neuen Erfahrungen machen etwas mit uns. Auch Träume wirken sich auf unser Leben aus. Wir sind nicht Opfer unserer Gene und somit nicht dem genetischen Schicksal ausgeliefert. Das habe ich vererbt bekommen, höre ich manchmal und es ist eine tolle Ausrede, um alles beim Alten zu belassen. Als Opfer des Erbgutes kann ich eigentlich nichts tun, schon gar nichts verändern und habe keine Kontrolle über mein Leben. Das bedeutet, keine Macht zu haben.

Bruce Lipton, US-amerikanischer Entwicklungsbiologe und Stammzellenforscher, fand heraus, dass das Leben einer Zelle durch ihre physische und energetische Umgebung bestimmt wird, und nicht durch die Gene. Der menschliche Geist ist stärker als seine genetische Programmierung. Wir sind machtvolle Erschaffer unseres eigenen Lebens und unserer Welt. »Wenn die Gene auch nur für weniger als ein Prozent unserer Krankheiten verantwortlich sind und wir herausfinden, dass Umgebung und Stress die primären Faktoren bei 99 Prozent der Krankheiten auf dem Planeten sind, dann kannst du die Umgebung verändern, indem du den Umgang mit Stress veränderst, denn das ist ja bei 99 Prozent der Krankheiten durch das Individuum kontrollierbar.«

Glauben wir, dass wir Opfer sind, werden sich unsere Verhaltensweisen und Handlungen niemals günstig auf unserer Gesundheit auswirken. Je mehr wir über uns selbst wissen, desto mehr werden wir zu den Menschen gehören, die blühen und gedeihen auf dieser Erde und die Probleme nicht als von genetischer Natur sehen, sondern sie als Herausforderung betrachten.

Wissen verleiht uns daher Macht.

Etwas in unserem Leben zu verändern, konfrontiert uns mit unserer unachtsam gelebten Verhaltensweise, auch mit unseren Schwächen. Das kann schon mal sehr unangenehm werden und unser Rumpelstilzchen im Gehirn springt fünf Meter hoch. Doch wollen wir unsere persönliche Realität umstellen, müssen wir neue Gedanken denken, damit wir neue Entscheidungen treffen und dadurch neue Handlungen setzen können. Diese neuen Erfahrungen lösen dann neue Gefühle in uns aus. Wir machen uns die Welt – widdewiddewitt –, wie sie uns gefällt.

Das ist möglich, da wir laut den Forschungen der Epigenetik laufend Signale an unsere Gene senden und damit chemisch unser Körpergewebe umformen.

Wandlung ist notwendig wie die Erneuerung
der Blätter im Frühling.

_ Vincent van Gogh

Wir sammeln im Laufe unseres Lebens, besonders im Kindesalter, unendlich viele Glaubenssätze an, die zum Zeitpunkt der Entstehung auch ihre Berechtigung haben. Wir brauchen Regeln, Überzeugungen und Muster, damit wir uns in der Welt zurechtfinden. Sie steuern unser Verhalten und wir treffen daraufhin unsere Entscheidungen. Fakt ist, dass wir im Erwachsenenalter noch immer die Glaubenssätze leben, die wir als Kinder entwickelt haben. Ohne zu hinterfragen, ob sie sinnvoll und förderlich für uns sind.

Als Kind hörte ich oft: Ein Indianer kennt keinen Schmerz. Nur wenn man hart arbeitet, ist man was wert. Eigenlob stinkt. Bis du heiratest, wird es wieder gut. Das Leben muss anstrengend sein. Dafür bist du zu dumm.

Solche einschränkenden Glaubenssätze hindern uns an unserem Sein. Wir blockieren uns selbst, um die pure Freiheit und

Selbstverwirklichung zu leben. Meist verstecken sie sich im Unterbewusstsein und wir wissen gar nicht, dass wir sie haben.

Die größte Entscheidung deines Lebens liegt darin,
dass du dein Leben ändern kannst,
indem du deine Geisteshaltung änderst.

_ Albert Schweitzer

Erkennen wir negative Glaubenssätze, dann können wir sie auch umformulieren und auflösen. Selbst dann, wenn wir sie jahrzehntelang mit uns herumgetragen haben und sie zu unserer Wahrheit wurden. Machen wir daraus unterstützende und fördernde Glaubenssätze, dann geben sie unserem Leben Stabilität, Ordnung und Sicherheit. Sie helfen uns im Wachstum und fördern unser Vorankommen.

Sie könnten wie folgt lauten: Ich bin gut so, wie ich bin. Ich erreiche immer, was ich möchte. Mir gelingt alles. Ich habe ein Recht darauf, glücklich zu sein. Alles hat seinen Sinn.

Diese Übung hilft dir, blockierende Glaubenssätze zu erkennen, sie loszuwerden und in stärkende und positive Überzeugungen umzuwandeln.

ÜBUNG –
ERKENNEN – LOSLASSEN – UMWANDELN

AUSRÜSTUNG:
- Papier bzw. bunte Zettel
- 1 Stift

WEGWEISER:

ERKENNEN

1. Schau dir deine zehn Lebensbereiche an. Wo läuft es derzeit nicht so gut. Wo kommst du nicht weiter. Hast du mehrere Themen, dann nimm zuerst das, was dir am meisten am Herzen liegt. Benenne das Problem und schreibe es auf einen Zettel.

   Zum Beispiel berufliche Erfüllung: Ich will ein gutes Buch schreiben und komme nicht weiter.

2. Vielleicht zeigt sich dein eingebrannter Glaubenssatz schon. Falls nicht, dann denke an dein Problem und ergänze folgende Sätze:

   Ich bin so dumm, weil ... Ich kann das nicht, weil ...
   Ich muss schnell sein, weil ... Ich bin schuldig, wenn ...
   Ich kann nicht, weil ... Ich muss stark sein, weil ...
   Ich fühle mich so benutzt, weil ... Ich bin wertlos, wenn ...
   Ich muss mich anstrengen, wenn .. Ich bin unfähig, weil ...
   Ich schaffe das nicht, weil ... Ich werde nie erfolgreich sein, weil/
   wenn ...

3. Sprich die Sätze laut aus und bewerte die Intensität deiner Emotionen und was sie in dir auslösen, auf einer Skala von 0 bis 10. 0 bedeutet: Ich bin gar nicht dumm. 10 bedeutet: Ich bin außerordentlich dumm.

Wenn negative Emotionen hochkommen, klopfe mit den Fingerspitzen auf deine Thymusdrüse. Du findest sie unterhalb der Mitte deines Brustkorbes und deiner Schlüsselbeine und sie liegt hinter dem Brustbein. Die Aktivierung hilft, Stress abzubauen und die körpereigene Energie zu steigern. Klopfe so lange, bis du dich wieder geerdet fühlst. Das kannst du auch jederzeit im Alltag machen, sobald dich etwas stresst.

LOSLASSEN

4. Nimm den blockierenden, belastenden Glaubenssatz mit der höchsten Emotion, schreibe ihn auf einen Zettel und lege ihn links vor dich. Stelle dich dazu und schließe deine Augen.

5. Stelle dir gedanklich vor, wie dein Leben mit dem negativen, belastenden, einschränkenden Glaubenssatz verläuft. Wer wird an deiner Seite sein? Was reden die Menschen über dich? Wie geht es dir gesundheitlich? Finanziell? Wie fühlst du dich?

6. Um aus den Gedanken an die negative Zukunft auszusteigen, denke an das, was du gestern gegessen hast. Hat es dir geschmeckt? Ein Separator trennt verschiedene gedankliche Phasen und ist wichtig, um den nächsten Schritt in die Umwandlung gehen zu können.

UMWANDELN

7. Formuliere eine neue, fördernde Überzeugung in die positive und erfolgreiche Zukunft. Schreibe s e auf einen Zettel, lege ihn rechts vor dich und stelle dich dazu.

8. Stelle dir gedanklich vor, wie dein Leben mit der positiven Überzeugung verläuft. Wer wird an deiner Seite sein? Was reden die Menschen über dich? Wie geht es dir gesundheitlich? Finanziell? Wie fühlst du dich? Schau dich um, was siehst du für positive Bilder. Wie fühlt sich das an?

9. Setze dir einen Separator. Was machst du in deinem nächsten Urlaub?

Bei dieser Übung geht es darum, belastende Glaubenssätze aus der Vergangenheit zu erkennen und deren Bewertung in eine positive Gefühlslage zu verändern. Wir können uns alles einreden. Daher sollten wir das Rüstzeug nutzen, um uns das vorzusagen, das uns dienlich ist, um mit Freude auf unserem Weg zu wandern.

Wenn wir etwas zu 100 Prozent wollen, dann gibt es viele Pfade und einer davon wird funktionieren, um unser Ziel zu erreichen. Da bin sicher, ich habe es selbst schon oft erlebt und du schaffst das ganz bestimmt auch. Wenn wir aber stehenbleiben und uns einreden, dass wir es nicht können, dann können wir es auch nicht. Tun wir es oft und lange genug, dann glauben wir es auch. Positive, stärkende Überzeugungen lassen uns aber Neues erschaffen.

Egal ob du glaubst, du kannst es oder du kannst es nicht –
du hast recht.

_ Henry Ford

Aus wollen wird können. Ersetze jedes *Ich kann* durch ein *Ich will*. Ich kann nicht abnehmen – ich will nicht abnehmen. Ich kann es mir nicht leisten – ich will es mir nicht leisten. Denn die Wahrheit ist, dass du es gar nicht loslassen willst. Dann steh auch dazu, jammere nicht, denn wir müssen nicht alles können und überall Meister sein.

Das Loslassen ist wie eine Fahrt mit dem Heißluftballon. Zuerst müssen wir uns von dem alten Ballast befreien, die Seile loslösen, um aufsteigen zu können. Das ist ein Prozess und braucht Zeit, Geduld und Vertrauen. Um dann frei wie ein Vogel, getragen nur vom Wind, die zauberhafte Landschaft von oben genießen zu können.

GEHE KLEINE SCHRITTE

Liebe

Wir leben nach dem Sieben-Meilenstiefe-Prinzip. Schneller, weiter und höher. Deshalb gehen wir viel zu oft große Schritte, da wir schnell ans Ziel kommen oder unsere Sehnsüchte befriedigen wollen. Wir wollen alles sofort besitzen und erreicht haben. Nämlich heute und nicht erst morgen.

Ein Freund erzählte mir, dass er viel auf Amazon bestellt. Er sieht etwas und möchte es sofort in Händen halten. Das ist heutzutage möglich. Auf den Einkaufswagen geklickt und am nächsten Tag bekommen wir das bestellte Produkt geliefert. Wenn es länger dauert, werden wir schon ungeduldig. Da verstehen wir keinen Spaß.

Haben wir das Zielobjekt, dann erleben wir für einen Moment Freude. BZZZZZ. Ebenso schnell ist sie auch wieder verpufft und wir suchen nach dem nächsten Kick.

Die Qualität des Glücks ist die Quelle der Freude. Materielle Belohnungen wie Geldgeschenke und auch Sex aktivieren den Nucleus accumbens in unserem Belohnungssystem. Dieses Glücksgefühl ist aber nur von kurzer Dauer und verlangt schnell nach mehr. Soziale Belohnungen, Anerkennung und Freundschaft halten länger an, aber sie sind auch schwerer zu bekommen. Gerade in Beziehungen, egal ob privat oder beruflich, muss zuerst das Vertrauen aufgebaut werden, um das Band zu stärken.

Sich verlassen können auf den anderen, geborgen fühlen und in Sicherheit wiegen, braucht eine gewisse Nähe und Berührung. Diese Bindung aufzubauen geschieht nicht von heute auf morgen. Ein kurzfristiger Kick verpufft schnell wieder, aber wahre Freundschaft bleibt für immer. Da zahlt es sich schon aus gemeinsam dran zu wachsen und durch Höhen und Tiefen zu gehen, denn das verbindet.

Freundschaft, das ist eine Seele in zwei Körpern.

_ Aristoteles

Wir sind ständig auf Glückssuche und werden von unseren Gedanken und Gefühlen angetrieben. Doch immer nur glücklich sein ist nicht möglich, denn die Quelle der Botenstoffe versiegt wieder. Steht aber bereit, wenn wir erneut Gutes erfahren. Wir können uns bewusst dafür entscheiden in unserem Leben so viele Glücksmomente wie möglich zu sammeln. Indem wir kleine Schritte gehen und mit unseren Sinnen so viel als möglich wahrnehmen.

Verrichten wir Tätigkeiten, in denen wir völlig aufgehen, dann sind wir im Flow und speichern das Gefühl in unseren Basalganglien ab. Wir können es jederzeit gekonnt ausführen und erleben uns als selbstwirksam.

Der Neurowissenschaftler Dr. Joe Dispenza erforscht die menschlichen Gefühle und sagt, dass jedes davon eine Schwingung hat. Positive Gefühle haben hohe Energie und eine schnelle Frequenz. Power, Wille, Dankbarkeit, Wertschätzung, Freude,

Freiheit, Liebe und Glückseligkeit. All die negativen Gefühle haben eine langsame Frequenz und wenig Energie. Wut, Zorn, Angst, Furcht, Schuld, Scham, Leiden, Opferrolle und Schmerzen.

Jeder Mensch hat im Leben schon einmal Schmerzen verspürt. Sei es durch eine körperliche oder eine seelische Verletzung. Uns geht es dann nicht gut. Ich bin ein Mensch, der sich dann zurückzieht, wenn ich mich ausgelaugt und müde fühle. Da möchte ich mit niemanden etwas zu tun haben und verkrieche mich.

Geht es uns gut, weil wir gerade gelobt wurden oder unserem Hobby und unseren Leidenschaften nachgehen, sprudeln wir nur so vor Begeisterung. Wir sind das pure Leben und könnten die ganze Welt umarmen. Würden unseren Erfolg am liebsten mit jedem teilen und wünschen uns, dass dieses Gefühl des Moments für immer anhält.

Auf meiner abenteuerlichen Reise füllte ich meinen Glücksspeicher laufend auf. Das Entdecken und Erforschen machte mich wieder zum Kind. Voller Vertrauen und Lebensfreude.

Der Canyon teilte sich. Eine graue Echse krabbelte vor mir, als würde sie mir den Weg zum Wasser zeigen. Schnell war sie verschwunden. Ich wanderte tiefer in die Schlucht im Ort Dahab in Ägypten hinein. Hörte ich Musik? Ich war mir nicht sicher. Sah ich tatsächlich Palmen? Oder war es eine Fata Morgana? Ich legte meine Hände über meine Augen. Nahm sie wieder weg. Tatsächlich, die Oase

Ich kam näher. Unter einem mit Palmwedeln überdachten Holzgestell saß ein Mann mit einem blauen Tuch auf seinem Kopf und einem langen, hemdartigen Gewand. Musik dröhnte aus seinem rostigen Pickup. Einige geschnitzte Holzketten lagen vor ihm. Er zeigte auf die Teekanne, stand auf und legte einen Teppich aus.

Für mich wirkte das Bild unecht. Wie in einem Film. Das musste die Hitze sein. Ich schüttelte meinen Kopf, wanderte in die Oase hinein. Eine blaue Libelle flog über der Wasserpfütze. Ich streichelte Farne im Vorbeigehen. Krähen saßen auf Felsen. Ohne Wasser kein Leben, dachte ich mir. Das Grün vermisste ich oft auf meiner Reise. So sehr ich die Wüste liebte. Eine Sehnsucht nach meiner Heimat, wo ich aufgewachsen war, blieb. Ich setzte mich auf einen Stein, schloss meine Augen und entspannte mich. Hörte die Vögel zwitschern und den Wind in den Palmenfächern rascheln.

Teezeit. Der Tuchträger gab mir ein Glas. Zeigte mir die getrockneten Kräuter in Kübeln und seine Handwerkssachen. Er konnte kein Englisch. Aber ich verstand ihn. Genoss es, hier zu sitzen. Bestaunte die Felswände, entdeckte wieder einen Baumüberlebenskünstler. Ich fand es schade, dass die Musik so laut war. Mochte die Stille. Er musste gesehen haben, dass ich müde war, und brachte mir zwei Kopfkissen. Drehte die Musik ab. Ohne Worte. Ich legte mich hin. Weiß nicht, wie lange ich döste. Es war angenehm, ein leichtes Lüftchen wehte und ich fühlte mich wohl in seiner Nähe. Er ließ mich sein.

Da ich keine Lust mehr hatte zurückzugehen, fragte ich ihn, ob er mich ins Hotel fahren könnte. Er nickte, allerdings erst später.

»Wie viel?«, fragte ich ihn. Ich hatte gelernt, dass hier alles etwas kostete. Nichts gab es umsonst. Und wenn ich gute Erfahrungen machten wollte, war vorher verhandeln ein Muss. Da half mir meine Kleopatra-Maske. Ich setzte sie zum Verhandeln auf.

»Wie viel gibst du mir?« Er füllte Wasser in die Kanne, stellte sie auf den Gaskocher. Die Frage hatte ich nicht erwartet. Normalerweise wurde mir ein viel zu hoher Betrag genannt, und dann hatte ich zu feilschen. Ich mochte ihn. Hatte keine Ahnung, was die Fahrt kosten könnte. Entschied nach meinem Gefühl, was mir die Fahrt wert war. Wollte auf keinen Fall zu Fuß zurückgehen. »50 Pfund.«

Er nickte. Ich freute mich über die schnelle Einigung. Chillte weiter, trank noch eine Tasse Tee.

Mit einem Stück Draht öffnete er mir von außen die Beifahrertür. Eine Schnalle gab es nicht. Ich setzte mich rein, schmiss die Tür zu. Aber sie rastete nicht ein. Ich konnte nicht aufmachen. Fand keinen Öffner. Er stieg nochmals aus, machte zu. Ein Teppich lag über dem Armaturenbrett, Staub überdeckte die Anzeigentafel und ein Sticker mit zwei Fingern, die das Peace-Zeichen bildeten, klebte auf der Windschutzscheibe. Er drehte den Schlüssel, um zu starten. Nichts. Nochmal. Nichts. Er blieb ruhig und beim dritten Versuch sprang der Motor an. Ich liebte solche Ereignisse.

Er fuhr im Schritttempo. Die Karre klapperte. Ich bin ver-
rückt, dachte ich mir. Tja, was ist schon normal. Grinste
und bestaunte die vorüberziehenden Felswände aus einer
anderen Perspektive.

Gerade noch in der Liebe und im Vertrauen, hatte ich einige
Tage später den schlimmsten Moment auf meiner Reise. Ich
hatte Angst. Vor einem Mann, der mein Nein nicht akzeptieren
wollte.

Unsere Ängste zeigen sich in den unterschiedlichsten Formen.
Das können Versagensängste oder auch Verlustängste sein.
Angst, eine Präsentation nicht gut genug zu machen. Angst, auf
eine Bühne zu gehen und den Text vergessen zu haben. Angst
vor dem Zahnarzt. Flugangst. Extremsportler haben Angst vor
Verletzungen, auch vor dem Tod. Ein Fehler kann eine Konse-
quenz fürs Leben bedeuten. Füße abgetrennt. Querschnittgelähmt. Koma.

Gerade Sportler im Extrembereich wie Apnoetaucher, Wing-
suit-Flieger oder Free-Solo-Kletterer brauchen eine gute Einschätzung der Situation. Die Angst ist ihr Schutzmechanismus,
ihr wichtigster Berater und ihre Lebensversicherung.

**Sicherheit beginnt vor allem im Kopf. In den eigenen Gedan-
ken.**

Die Angst treibt uns an. Sie kann uns bremsen, motivieren, aber
auch demotivieren. Ohne Angst wären wir schon ausgestorben.
Sie zeigt uns immer wieder unsere Grenzen auf. Herzklopfen,
flaues Gefühl im Magen, kalter Schweiß oder zitternde Knie.

Wenn ich in den Bergen unterwegs bin, ob am Klettersteig oder auch beim Wandern, und ich einer Gefahr ausgesetzt bin, vor der ich Angst bekomme, setze ich mich damit sofort auseinander. Ein Nicht-Hinschauen, wie es oft im Leben gemacht wird, ein Weglaufen vor den Problemen, um sich nicht damit auseinandersetzen zu müssen, verzeiht der Berg nicht. In Stress und Angstsituationen verlieren wir den Kontakt zu uns selbst. Wir nehmen uns nicht mehr wahr und spüren unsere Muskulatur nicht mehr.

Nicht die Angst kleinhalten oder sogar verdrängen, sondern verwandeln und sie unterstützend nutzen. Schauen, ob sie gerechtfertigt oder nur die Angst vor der Angst ist. Gerade in unserem Alltag sind die meisten Ängste unbegründet und keine lebensgefährliche Situation. Stellt man sich den Ängsten, findet man einen Weg und meist eine schnelle Lösung.

Du kannst die Wellen nicht anhalten,
aber du kannst lernen zu surfen.

— Joseph Goldstein

Um der Angst auf Augenhöhe zu begegnen und diese Emotion in Liebe und Mitgefühl zu transformieren, gibt es eine Wundertechnik: EFT – Emotional Freedom Techniques. Sie wurde von dem Amerikaner Gary Craig entwickelt und ist eine unglaublich effektive Methode, um akute negative Gefühle und das entstandene innere Drama loszulassen.

Durch die Verbindung von Akupressur und Neurologie können innerhalb kurzer Zeit energetische Blockaden, die ein bestimmter Gedanke oder Reiz von außen initiiert hat, in unserem Körper aufgelöst werden. Die Technik basiert auf der Annahme der Traditionellen Chinesischen Medizin, dass durch unseren Körper Energiebahnen, die Meridiane, verlaufen, auf denen unsere Energie fließt und die unter anderem durch Schockerlebnisse blockiert werden. Durch das Klopfen auf bestimmte Punkte und dem Aufsagen von gewählten Sätzen können sie gelöst werden. Daher eignet sich diese Technik hervorragend, um limitierende Glaubenssätze aufzulösen, negative Emotionen zu transformieren und Zweifel zu beseitigen.

Es gibt viele wissenschaftliche Erkenntnisse, die zeigen, dass im Gehirn durch das Klopfen viele Veränderungen passieren. Hilflosigkeit. Schlafstörungen. Ängste. Stress. Burn-out. Depressionen. Wirksamkeitsstudien zeigen statistisch signifikante Verbesserungen der psychischen Belastungen, wenn die Emotional-Freedom-Technique (EFT) angewendet wird. Die EFT-Technik unterliegt dem Markenrechts- und Copyrightschutz, daher weise ich darauf hin, dass die Technik-EFT, die ich hier anführe, mein Verständnis der Technik darstellt, und nicht das von Gary Graig, dem Entwickler.

TAP-FREE-METHOD

1. Finde einen Ort, an dem du für die nächste halbe Stunde ungestört bist.

2. Beschreibe das Problem, den Glaubenssatz oder das negative Gefühl in dir. Was drückt dich? Meist zeigen sich Symptome: der Magen krampft, der Bauch ist ganz flau, schlucken ist nur noch schwer möglich, die Beine sind wackelig, man bekommt keine Luft, hat ein Gefühl von Steinen auf der Brust. Wo in deinem Körper spürst du es?

3. Bestimme die Intensität auf einer Skala von 0 bis 10. 0 = Problem/Gefühl ist aufgelöst, 10 = sehr intensiv. Auf welcher Stufe würdest du dein negatives Gefühl gerade einstufen? Wie stark belastet es dich im Moment?

Beim Klopfen spielt es keine Rolle, ob du die linke oder rechte Hand nimmst. Wähle die, mit der du dich wohler fühlst. Bei einigen Punkten werden ohnehin beide Hände gebraucht. Klopfe so leicht, dass es für dich angenehm ist, und jeden Punkt nur so lange, bis du den Satz zu Ende gesprochen hast. Bist du fertig, gehst du zum nächsten Punkt.

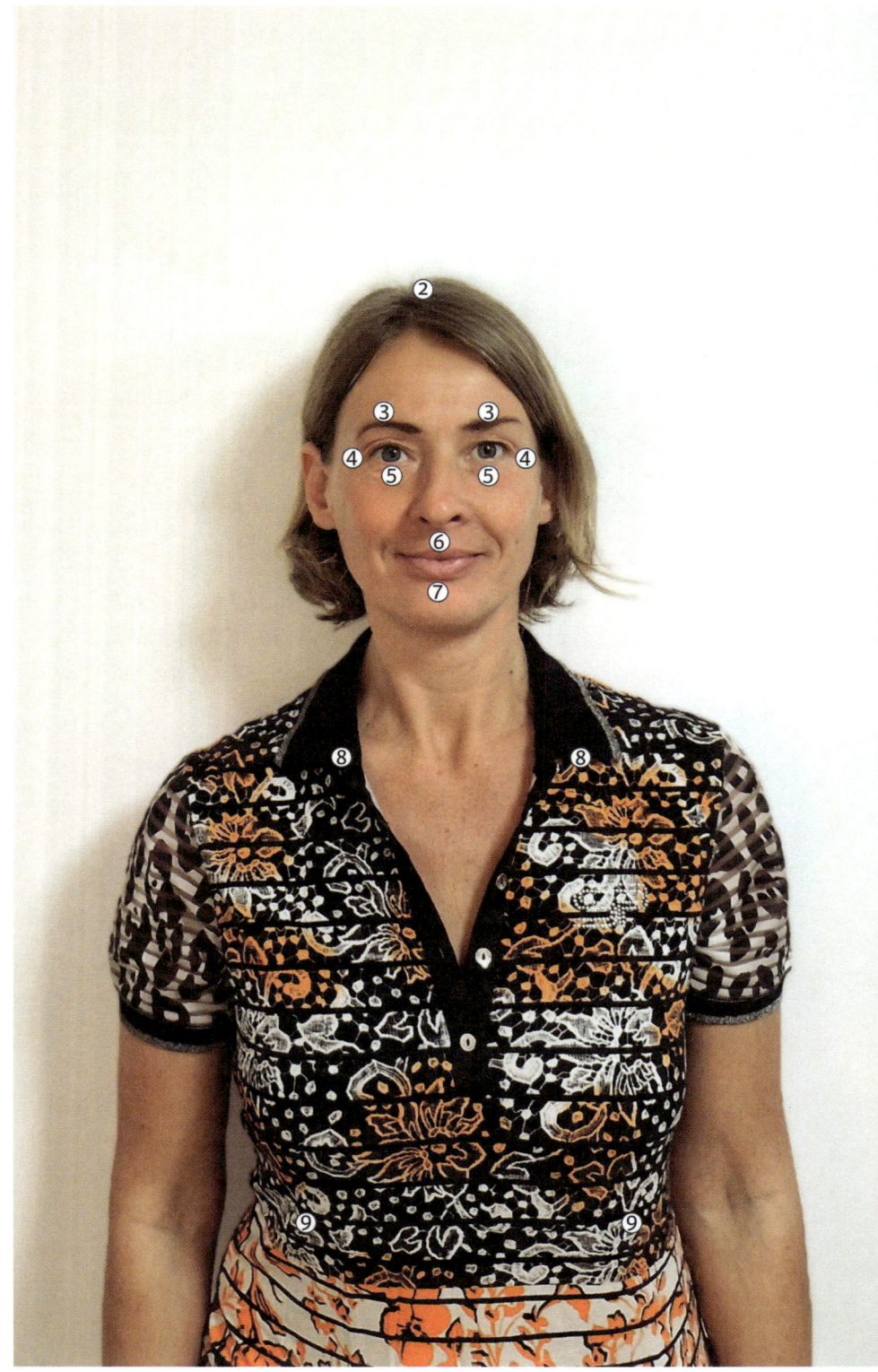

RUNDE 1

In der ersten Runde (Punkt 1) klopfst du mit vier Fingern leicht an der Handaußenkante und sprichst folgenden Satz:

»Auch wenn ich so unglaublich Angst vor (benenne die Angst oder dein negatives Gefühl) habe, liebe und akzeptiere ich mich so, wie ich bin.«

(Zum Beispiel: Auch wenn ich so unglaubliche Angst vor der Präsentation habe, liebe und akzeptiere ich mich so, wie ich bin.)

Klopfe auf die Kopfkrone (Abbildung Punkt 2):

»Auch wenn ich (beschreibe, wo in deinem Körper du die Angst oder dein negatives Gefühl spürst) habe, liebe und akzeptiere ich mich so, wie ich bin.«

(Zum Beispiel: Auch wenn ich Magenkrämpfe habe und nicht schlucken kann, weil ich so sehr Angst habe, liebe und akzeptiere ich mich so, wie ich bin.)

Mit beiden Händen über den Augenbrauen (Abbildung Punkt 3):

»Auch wenn ich (beschreibe, warum du Angst / negatives Gefühl hast), liebe und akzeptiere ich mich so, wie ich bin.«

(Zum Beispiel: Auch wenn ich Angst davor habe, dass ich versagen werde und mich blamiere, liebe und akzeptiere ich mich so, wie ich bin.)

Auf den beiden Augenaußenseiten (Abbildung Punkt 4):

»Auch wenn ich (beschreibe deine Angst / negatives Gefühl), liebe und akzeptiere ich mich so, wie ich bin.«

(Zum Beispiel: Auch wenn ich das Gefühl habe, dass meine Beine mich nicht tragen und ich keine Luft zum Atmen bekomme, liebe und akzeptiere ich mich so, wie ich bin.)

Unter den beiden Augen (Abbildung Punkt 5):

»Auch wenn ich (beschreibe deine Angst / negatives Gefühl), liebe und akzeptiere ich mich so, wie ich bin.«

(Zum Beispiel: Auch wenn ich große Selbstzweifel habe, ob ich die Präsentation souverän schaffen werde, liebe und akzeptiere ich mich so, wie ich bin.

Mit einer Hand unter der Nase (Abbildung Punkt 6):

»Auch wenn ich (beschreibe deine Angst / negatives Gefühl), liebe und akzeptiere ich mich so, wie ich bin.«

(Zum Beispiel: Auch wenn ich Angst habe einen Fehler zu machen, liebe und akzeptiere ich mich so, wie ich bin.)

Unter dem Mund (Abbildung Punkt 7):

»Auch wenn ich (beschreibe deine Angst / negatives Gefühl), liebe und akzeptiere ich mich so, wie ich bin.«

(Zum Beispiel: Auch wenn ich noch nicht weiß, wie ich die Präsentation halten soll und was ich sagen soll, liebe und akzeptiere ich mich so, wie ich bin.)

Unter dem Schlüsselbein mit beiden Händen (Abbildung Punkt 8):

»Auch wenn ich (beschreibe deine Angst / negatives Gefühl), liebe und akzeptiere ich mich so, wie ich bin.«

(Zum Beispiel: Auch wenn ich mich gerade voll klein mache und glaube, dass ich zu dumm dafür bin, liebe und akzeptiere ich mich so, wie ich bin.)

Außenseite der Rippen (Abbildung Punkt 9):

»Auch wenn ich (beschreibe deine Angst / negatives Gefühl), liebe und akzeptiere ich mich so, wie ich bin.«

(Zum Beispiel: Auch wenn ich Angst habe, dass mich mein Chef und meine Kollegen auf Fehler hinweisen, liebe und akzeptiere ich mich so, wie ich bin.)

Die erste Runde ist beendet. Schüttle dein Arme und Hände, atme tief ein und aus. Fühle in dich hinein und bewerte erneut auf einer Skala von 0 bis 10, wo deine Angst oder dein negatives Gefühl im Moment stehen. Die Runden werden so lange wiederholt, bis du eine Entspannung spüren kannst und das negative Gefühl dich nicht mehr dominiert.

RUNDE 2:

Die zweite Runde beginnt wieder mit dem Klopfen deiner Hand-außenkante. Du nimmst liebevoll deine Angst oder dein negatives Gefühl an, wie zum Beispiel:

»Es ist okay, dass die Angst da ist. Sie will mich nur beschützen und in Sicherheit wissen.«

Kopfkrone:

»Ich nehme dich, Angst, wahr und halte dich in meinem Körper aus.«

Über den Augenbrauen:

»Meine Angst will nur auf mich aufpassen und mich beschützen.«

Augenaußenseite:

»Vielleicht möchte meine Angst mich nur auf etwas hinweisen?«

Unter den Augen:

»Ich öffne mich dafür, die Liebe hinter meiner Angst zu sehen.«

Unter der Nase:

»Mein Körper unterstützt mich dabei, meine Ängste zu erkennen und loszulassen.«

Unter dem Mund:

»Ich danke dir mein Körper, dass du mir hilfst, um meine Ängste gehen zu lassen.«

Unter dem Schlüsselbein:

»Es ist okay, wenn ich Angst habe. Ich kann mit der Angst gemeinsam alles schaffen.«

Außenseite Rippen:

»Ich bin bereit loszulassen.«

Du hast die zweite Runde geschafft. Schüttle dein Arme und Hände, atme tief ein und aus. Fühle in dich hinein und bewerte erneut auf einer Skala von 0 bis 10, wo deine Angst oder dein negatives Gefühl im Moment steht.

RUNDE 3:

Du startest wieder mit dem Klopfen deiner Handaußenkante:

»Ich vertraue mir und liebe mich so, wie ich bin.«

Kopfkrone:

»Ich bin beschützt und geliebt.«

Über den Augenbrauen:

»Die Welt ist ein sicherer Platz für mich.«

Augenaußenseiten:

»Ich vertraue mir und was ich mache.«

Unter den Augen:

»Ich bin dankbar für meinen Mut und meine innere Kraft.«

Unter der Nase:

»Ich darf leicht und frei in voller Liebe durch mein Leben gehen.«

Unter dem Mund:

»Ich brauche mir nichts beweisen. Ich bin gut so, wie ich bin.«

Unter dem Schlüsselbein:

»Die Liebe zeigt mir den sicheren Weg.«

Außenseite Rippen:

»Ich liebe und akzeptiere mich so, wie ich bin.«

Du hast die dritte Runde gemeistert. Schüttle dein Arme und Hände, atme tief ein und aus. Fühle in dich hinein und bewerte erneut auf einer Skala von 0 bis 10, wo deine Angst oder dein negatives Gefühl im Moment steht. Ich habe die Erfahrung gemacht, dass meist in drei Runden die Angst in Liebe und Vertrauen transformiert werden kann.

Nutze diese tolle Technik, um in kleinen Schritten die verschiedensten negativen Glaubenssätze und Gefühle wegzuklopfen, um wieder in deine Mitte zu kommen und dein Nervensystem zu beruhigen.

Unser Leben wird immer mit Risiko verbunden sein. Von Geburt an haben wir uns den tagtäglichen Herausforderungen zu stellen, so lange, bis unser Leben einmal zu Ende geht. Daher sollten wir es schätzen und mit Bedacht leben. Nicht hirnlos vergeuden.

Gib der Angst nicht zu lange einen Platz. Nicht der Wut. Nicht dem Zorn. Denn sie verursachen nur Stress. Öffne das Herz für die Liebe. Freude. Dankbarkeit. Hole dir schöne Bilder aus den Erinnerungen. Fühle wie damals und bade in Glücksgefühlen.

Wenn wir es schaffen, die hochkommenden Ängste als unsere treuen Wegbegleiter, besten Freunde und Beschützer anzunehmen, dann werden wir reich beschenkt. Denn sie sind nur eine natürliche Reaktion bei einer drohenden Gefahr und tragen dazu bei, dass wir das Leben farbenfroh gestalten können und auch voll konzentriert sind, um in einer Notsituation die beste Entscheidung treffen zu können. Hat man die Überwindung der Angst geschafft, wird es zu einem unvergesslichen Erlebnis und wir werden mit schönen Gefühlen in uns belohnt.

NIMM DEIN FERNGLAS

Fokus

»Was ist hier los?«, fragte ich Rose. Wir waren erst fünf Kilometer auf der Strecke von der Grenze im Sudan nach Gonder in Äthiopien gerast, als der Bus eine Vollbremsung machte. Wir drehten um. Ein Raunen.

Ich zuckte mit meinen Schultern. Vielleicht war die Straße durch den Stammeskonflikt noch nicht frei, dachte ich mir. Weiterfahrt unmöglich.

An einem Platz waren einige Busse versammelt. Wir stellten uns dazu. Geld wurde abgesammelt. Ein Tuk-Tuk-Fahrer fuhr in die Richtung los, in die wir wollten.

In Situationen der Ungewissheit schaute ich mich um, ob ich irgendetwas fand, was mich so fesselte, dass ich meine Aufmerksamkeit darauf lenken konnte. Mir fiel die Schönheit der Bäume auf. Einzigartig, wie sie sich verzweigten. Ich lächelte sie an. Dann schloss ich meine Lider und visualisierte mein Ziel. Gonder. Sah, wie ich sicher ankam. Das fühlte sich gut an, wenn auch noch ein anstrengender Weg vor mir lag.

Der Busfahrer sprang rein und wir brausten hinter den anderen Transportmitteln los. Rose faltete ihre Hände,

murmelte Worte und schaute an die Decke. Ihr schönes Lä-
cheln war weg. Die anderen Menschen im Bus waren ange-
spannt, als hielten sie den Atem an. Ich schloss meine Lider.

Hätte ich in dieser Situation Angst bekommen oder Furcht, wäre ich vielleicht in Panik geraten. Meine Emotionen hätten mich überrollt und ich hätte keine Kontrolle mehr über sie gehabt. Da wäre es leicht möglich gewesen, dass ich eine falsche Handlung gesetzt hätte, die mich vielleicht das Leben gekostet hätte. Was passiert da in uns?

Unser limbisches System (der alte Teil in unserem Gehirn) fährt hoch und übernimmt die Kontrolle. Da ist die Amygdala, die keinen Überhitzungsschutz hat und auf Überleben setzt. Sie identifiziert sich mit der Angst und wir werden die Angst. Der präfrontale Cortex, der hinter unserer Stirn liegt, hat einen Überhitzungsschutz. Allerdings ist der bei Angst außer Gefecht gesetzt, da die volle Aufmerksamkeit im limbischen System ist. Das kann man sich so vorstellen, als würden sich die Amygdala und der präfrontale Cortex einen Akku teilen. Fährt die Amygdala hoch, zieht sie Energie aus dem Akku und der präfrontale Cortex fährt runter. Erst wenn wir den präfrontalen Cortex wieder anschmeißen, was kognitiv anstrengend ist, dann fährt die Amygdala runter.

Wohin wir unsere Aufmerksamkeit richten, dorthin fließt unsere Gedankenkraft. In Situationen, in denen wir im Außen nichts mehr kontrollieren können, können wir noch immer unser Inneres lenken. Unsere Gedanken und Gefühle.

Gerade im beruflichen Alltag sind wir tagtäglich mit Druck konfrontiert und müssen aus verzwickten Situationen das Beste rausholen. Der äußere Druck, die Erwartungshaltung und der persönliche Druck, den wir uns aufbauen, können uns in Stress versetzen. Wenn wir den Fokus gezielt auf etwas ausrichten, steigen wir in Konfliktsituationen nicht in eine Gedankenfrequenz der Hilflosigkeit, Angst oder sogar Ohnmacht ein. Wir bleiben am Boden. Nehmen an. Lassen los.

Um unseren präfrontalen Cortex wieder anzuwerfen, eignen sich mentale Techniken der Entspannung, Visualisierung und des Selbstdialogs.

ÜBUNG – GEDANKENSHIFT

RÜCKWÄRTS ZÄHLEN

Schließe deine Augen. Zähle von 100 in Zweier- oder Dreierschritten rückwärts. 100. 98. 96 … Bei jeder folgenden Zahl wirst du ruhiger und entspannter. Mach dir nichts draus, wenn du vergisst, wo du warst. Fang erneut bei 100 an oder wähle eine beliebige Zahl, von der du wieder startest. Habe Geduld, denn dein Angstzentrum weigert sich vielleicht zu Beginn.

ORT VISUALISIEREN

Stelle dir einen ruhigen Ort vor, an dem du dich besonders wohlfühlst, wohlgefühlt hast oder wohlfühlen könntest. Vielleicht hast du einen Lieblingsplatz, der dir immer Kraft gibt. Wo du dich geborgen und beschützt fühlst. Lasse die Vorstellung ganz lebendig werden. Male dir aus, was du dort alles erlebst. Genieße die Situation.

MUSIK HÖREN

Eine zweite, aktivierende Playlist ist im Alltag auch hilfreich. Allerdings wirkt sie umgekehrt, gibt einen Energieschub und ist in Stresssituationen nicht dienlich.

BILDER DER FREUDE

Schließe deine Augen und stelle dir vor, du bist wieder ein Kind. Vielleicht gehst du gerade in den Kindergarten. Du spielst mit etwas, das dir große Freude macht. Dich mit freudigem Stolz erfüllt. Fühle, wie du dich freust. Sei stolz auf dich.

REDE MIT DIR

Erzähle dir eine Geschichte. Wenn du ein Märchen kennst, dann erzähle es dir. Oder lass deine Fantasie frei und erfinde eine neue Story. Wähle fünf Wörter, die du in deine Erzählung einbaust. Stell dir vor, wie du am Lagerfeuer sitzt und deine Geschichte erzählst.

Diese Techniken nutze ich auch, wenn ich nicht einschlafen kann, weil zu viele Gedanken herumkreisen. Sie entspannen, lenken ab und zaubern schöne Gefühle in den Körper. Dann hat die Angst keinen Platz mehr. Die Amygdala beruhigt sich. Im Hier und Jetzt ist alles gut.

Lenken wir unseren Fokus nach innen, dann können wir unser eigenes elektromagnetisches Feld aufbauen. Damit erschaffen wir unsere Zukunft und sind die Designer unserer Welt. Mit dieser Lebensweise können wir unsere Gesundheit und unser Leben verändern. Denn jede Veränderung beginnt zuerst in uns, bevor sie im Außen sichtbar wird.

Energie folgt immer der Aufmerksamkeit. Unbewusst praktizieren wir das die ganze Zeit, selbst die Menschen, denen das Prinzip auf der Verstandesebene noch gar nicht bekannt ist. Wir wachen auf, denken an die Toilette und der Körper folgt. Wir denken an den Nachmittagskaffee, unser Körper geht zur Kaffeemaschine. Wir denken an die Fahrt nach Hause von der Arbeit und wir gehen zur Straßenbahn. Körper folgt dem Geist. Aber ins Bekannte und nicht ins Unbekannte.

Genauso ist es mit unseren Emotionen. Wenn wir jeden Tag aufwachen und denken, wie unglücklich wir sind, welche Schmerzen wir haben, wie sinnlos das Leben ist oder wovor wir Angst haben, dann lenken wir unsere Aufmerksamkeit dorthin. Unsere Emotionen sind chemische Rückstände unserer Vergangenheit. Sie haben mit unseren Erinnerungen an Menschen, Dinge, Orte oder Objekte zu tun. Verbinden wir eine Emotion damit und bringen sie in einen Zusammenhang, dann aktivieren wir über Schaltkreise die Vergangenheit und sind nicht mehr im gegenwärtigen Moment.

Genauso ist es, wenn unser Fokus nur aufs Handy und die sozialen Medien gerichtet ist. Facebook. Youtube. Instagram. Websites. Unsere Energie fließt in die äußerliche, virtuelle Welt und lenkt unsere Gedankenkraft von uns weg. Wir haben weniger

Energie für unsere Gedanken- und Gefühlswelt, zu wenig, um etwas Neues zu erschaffen.

Außerdem sehen wir ständig, was andere besitzen und was sie Cooles auf die Beine stellen. Wir leben nicht mehr unser eigenes Leben, sondern in der ach so faszinierenden Welt der fremden Menschen, Stars und Sternchen. Hollywood lässt grüßen. Das kann auch Neid und Eifersucht in uns schüren. Sie alle haben, was wir auch gerne möchten, was aber für uns nicht erreichbar scheint. Auf die Dauer ist es ungesund diesen Menschen zu folgen, denn damit geben wir unsere wertvolle Energie ab.

Noch dazu nehmen durch die neuen Medien unsere Aufmerksamkeitsspanne und die Fähigkeit zur Konzentration ab. Das belegte auch ein internationales Forschungsteam rund um Joseph Firth in einer Metastudie (siehe Seite 260 Literatur). Wir können uns nicht mehr so gut auf eine Sache konzentrieren, schweifen von einem Thema zum nächsten und lassen uns leicht ablenken: Das Handy vibriert, wir schauen auf die Mitteilung am Display und schon ist unsere Aufmerksamkeit gefangen. Wissenschaftler haben herausgefunden, dass, wenn wir einen Blick auf eine reinkommende SMS werfen, wir in etwa 20 Minuten brauchen, um wieder konzentriert bei der Arbeit zu sein. Das ist ganz schön lange.

Hole dir gerne Inspiration. Folge bewusst einigen Persönlichkeiten, die dir auf deinem Weg weiterhelfen und dich motivieren. Aber verliere dich nicht darin denn dafür ist das Leben eindeutig zu kurz.

Es gibt Diebe, die nicht bestraft werden und einem doch das Kostbarste stehlen: die Zeit.

_ Napoleon

Doch es liegt immer an uns selbst, ob wir das zulassen. Es ist unser kostbares, einzigartiges Leben.

Auch wenn uns die Außenwelt bekannt und vertraut ist – eine geistige Komfortzone sozusagen. Leben wir in ihr, ohne uns herauszubewegen, gewinnen wir kein Neuland. Wir schaffen nur mehr von dem, was wir schon haben. Vermehren bloß bekannte Erfahrungen und neue Ufer zeigen sich uns dabei nicht. Denn unsere physische Realität besteht aus all dem Bekannten in unserem Leben. Menschen. Orten. Dingen.

Wir können entscheiden, wohin wir unsere Energie fließen lassen. Genauso wie wir entscheiden können, von welchen äußerlichen Dingen wir unsere Gedankenkraft abziehen, um sie auf etwas Unbekanntes im Leben zu richten. Viele Bindungen schwächen uns. Auch hier heißt es: loslassen.

In unserem Leben haben wir unterschiedliche Rollen. Wir sind: Töchter, Söhne, MitarbeiterInnen, FreundInnen, Mütter, Väter, Chefs, Vereinsmitglieder, Schwestern, Brüder. Und dann sind wir auch noch: ICH. Für uns selbst, unsere Träume und Projekte bleibt oft wenig Zeit. Daher ist es umso wichtiger, dass wir uns – von Zeit zu Zeit – unsere Lebensrollen anschauen und überprüfen, ob sie noch für uns passen.

ÜBUNG – LEBENSROLLEN

In welche Lebensrollen möchtest du investieren? Welche möchtest du aufgeben, verändern oder neu ins Leben ziehen?

Deine Rollen: _____

_____

› Wie viel gibt dir die Rolle an Kraft und Energie? %
› Wie viel nimmt dir die Rolle an Kraft und Energie? %
› Hast du die Rolle freiwillig gewählt oder kam sie unfreiwillig in dein Leben? Ja / Nein
› Wie viel Zeitaufwand pro Woche fließt in die Rollen, die dir Energie rauben?

Diese Übung soll dir einen Überblick darüber geben, wohin deine Energie fließt und ob das für dich noch stimmig ist. Oft haben wir vor langer Zeit eine Lebensrolle angenommen, ohne sie wirklich angestrebt zu haben. Vielleicht nur, weil uns die Umstände dazu gezwungen haben. Jetzt laugen uns diese Aufgaben aus und vielleicht ist es Zeit, um sie abzugeben. Haben wir uns zu viele Rollen aufgehalst dann können sie uns die Luft zum Atmen nehmen und wir haben auch keinen Platz für Neues im Leben. Das gilt für jede Art von Gedankenkraft, nicht nur bei körperlicher Anwesenheit. Denn wir sind nur 100 Prozent Energie.

Ich habe Frank kennengelernt. Einen sehr attraktiven Mann, der immer ein breites Lächeln im Gesicht hat. Ein richtiger Womanizer. Mit seinen 37 Jahren hatte er nicht einmal fünf Berufsjahre gesammelt, da er viel gereist und ansonsten den Frauen hinterhergejagt ist und sie beglückte. Seine ganze Aufmerksamkeit und somit Energie war bei den Frauen. Immerhin musste er ständig in Kontakt mit ihnen bleiben, um sie bei Laune und auf Abruf zu halten. Kein Aufwand war ihm da zu groß und die Lebensrolle als *nice guy* nahm sehr viel Zeit in Anspruch, die er dann für andere Dinge logischerweise nicht mehr hatte.

Unsere Energie ist ständig in Bewegung. Und je stärker die Emotion ist, die wir auf etwas oder jemanden richten, desto mehr geben wir unsere Kraft ab. Wenn wir unsere Aufmerksamkeit und Energie beständig auf eine neue Zukunft richten – Tag für Tag – und mit einer Emotion der Zukunft zusammenbringen, dann schaffen wir damit Realität: Unsere Energie wird tatsächlich mit der Zukunft zusammenkommen. Unser Körper folgt unserem Geist in eine neue Erfahrung. Wir erschaffen und bestimmen unser Schicksal selbst.

Für das Leben im Moment heißt es: flexibel bleiben.

Zum Loslassen gehört auch das Weinen, denn staut sich in uns zu viel an, dann darf und will es raus. Tränen reinigen die Seele, sagt ein Sprichwort. Oft liege ich im Bett, möchte weinen, weil es mir, ohne einen bestimmten Grund, nicht gut geht, aber ich kann nicht. Dann höre ich ein Lied, das mich berührt, oder schau mir einen traurigen Film an, bis ich die Tränen fließen lassen kann. Danach fühle ich mich freier und leichter.

Das Loslassen ist keine Handlung des Moments, es ist ein Weg. Nicht immer einfach, aber wir dürfen es uns leicht machen. Nutze die Techniken und Tools, nimm dir die Zeit, die du für den Anlass brauchst und sei ehrlich zu dir selbst. Dann kann Loslassen mit mehr Leichtigkeit geschehen und sogar manches Mal große Freude machen.

DRITTER TEIL

FÜLLE DEINEN RUCKSACK

Wachstum

Glück ist nicht eine Station, wo man ankommt,
sondern eine Art zu reisen.

Margaret Lee Runbeck

Wir sind hier, um zu wachsen, Lernaufgaben zu meistern und Herausforderungen anzunehmen. In welchen der zehn Lebensbereiche wir das machen und wie schnell wir wachsen wollen, ist uns überlassen. Wir können unser Wachstum wählen. Am Abenteuerspielplatz Leben.

Indem wir uns ändern, verwandeln wir uns. Aus uns heraus. Mit unserem Willen, der uns gegeben wurde. Haben wir mit unserem Dasein einen Sinn gefunden und verfolgen ihn, dann vollziehen wir einen Wandel, der uns zu einem glücklicheren und gesunden Menschen macht. Das ist Wachstum.

Oft glauben wir, dass wir andere Menschen von unserer Lebenseinstellung überzeugen müssen. Missionieren. So ist es mir gegangen. Als ich für mich die Welt um die Macht der Gedanken entdeckt habe, war ich so fasziniert, dass es da mehr gibt, und habe jedem alles erzählt, was ich gerade Spannendes herausgefunden hatte. Wie der Körper mit den Gedanken zusammenhängt und wozu wir fähig sind. Ich sah mich plötzlich nicht mehr dem Schicksal ausgeliefert, sondern konnte mein eigenes

Schicksal kreieren. Damit überforderte ich viele Menschen. So auch Christoph, einen Freund, mit dem ich sehr viel unternahm. Wir kletterten im Klettersteig über die Brenta Dolomiten, wanderten auf neuen Wegen in Montenegro oder radelten mit unseren Rennrädern den Donaukanal entlang. Abenteuer pur. Da ich ihn sehr mochte, erzählte ich ihm jedes Detail über meine neuesten Entdeckungen aus der Neurowissenschaft und Spiritualität. Ich wollte ihn überzeugen, die Bücher zu lesen und Podcasts zu hören, die ich verschlang und die mich wachsen ließen. Auch wollte ich, dass er den Motivationsrednern, Speakern und Personal Coaches zuhört und folgt. Ich wollte, dass er mit mir wächst. Genauso Feuer und Flamme dafür ist.

Er konnte dem ganzen positiven Gequatsche – was alles im Leben möglich ist vom Tellerwäscher zum Millionär – nichts abgewinnen. Bald meldete er sich nicht mehr bei mir. Hatte ich ihn zu sehr unter Druck gesetzt? Ihm meine neue Weltsicht aufzwingen wollen? Unser Wachstum war beendet. Zuerst konnte ich seinen Rückzug nicht verstehen, und es hat mich sehr getroffen. Zum Wachstum gehört eben auch, dass getrennte Wege gegangen werden, wenn die gemeinsame Zeit abgeschlossen ist. Jeder hat die Freiheit, sich selbst du entfalten. In welchem Tempo auch immer.

Wir alle sind nur Weggefährten auf Zeit. Manchmal für einen längeren Abschnitt und manchmal kürzer.

Wir können andere Menschen nicht verändern. Das Einzige, das wir verändern können, sind wir selbst. Wenn wir uns nichts vormachen und das Resultat leben, werden andere Menschen sehen, dass wir glücklich sind, so wie wir leben. Sie haben dann die Möglichkeit, ihr Leben zu hinterfragen und etwas zu ändern. Tun müssen sie es selbst. Du kannst nur mit gutem Beispiel durchs Leben wandern und bist du überzeugt, werden andere Menschen, sofern sie dazu bereit sind, dein Inneres Strahlen bemerken und auch eine Wandlung vollziehen.

Dazu heißt es, liebevoll mit uns selbst sein und Grenzen setzen. Gerade Frauen stellen sich oft auf die letzte Stufe. Zuerst die Kinder, der Mann, die Eltern, der Chef. Das Ich? Das bleibt oft auf der Strecke. Wir haben noch viele Erledigungen zu machen. Das Geburtstagsgeschenk für Omi ist noch nicht gekauft. Die Wäsche muss noch zum Trocknen aufgehängt werden.

Meist ist es so, dass wir freiwillig Aufgaben an uns reißen. Kein Wunder. So haben wir es schon von unserer Mama gesehen, denn sie hat es uns vorgelebt. Wir ahmten es nach und übernahmen ihre Lebensweise, dachten, es wäre die richtige. Auch wenn wir sahen, dass es ihr oft schlecht ging oder sie heillos überfordert war. Wir leben immer das Vertraute. Schon wurde es zu unserer Realität. Normal.

Wachstum kann schmerzhaft sein. Vor allem, wenn wir nicht hinsehen wollen. Wenn wir aber bewusst entscheiden – wo – mit wem – wobei – wir wachsen wollen, dann nehmen wir unser Leben selbst in die Hand. Und die vielen kleinen Schritte auf unserem Weg werden uns viel Freude machen.

DU DESIGNST DEIN LEBEN

Wertschätzung

Viel zu oft gehen wir im Leben Kompromisse ein. Wir verbiegen uns für andere. Sagen nicht, was wir wirklich denken und fühlen und was uns im Leben tatsächlich wichtig ist. Nur um anderen zu gefallen und sie nicht zu verärgern. Dabei können wir uns selbst schnell verlieren und von unserem Weg abkommen.

Wir dürfen unser eigenes Fleisch und Blut wertschätzen und unsere Familie ehren. Sie hat uns zu dem Menschen geformt, der wir sind. Wenn wir nicht annehmen, wo unsere Wurzeln sind, unser Zuhause abstreiten, dann werden wir nie Frieden in uns finden.

In meinem Leben habe ich meine Familie immer auf die letzte Stufe gestellt. Ich wollte mit ihnen eigentlich nichts zu tun haben und schämte mich für sie. Weil sie so einfach waren. In ihrer Denkweise. In ihrem Auftreten. Mir war das zu wenig und sie waren peinlich für mich. Ich fand 100 Gründe, warum ich nichts mit meiner Familie zu tun haben wollte. Hatte den Blick nur auf ihren negativen Eigenschaften. Auf das, was sie mir angetan hatten. Was ich nicht bekommen und sie nicht mit mir gemacht hatten.

In Wahrheit habe ich mich damit selbst abgelehnt und nicht wertschätzen können. Ich wollte immer jemand anderer sein.

Nur wusste ich nicht genau: Wer wollte ich eigentlich sein? Nur nicht so wie meine Familie. Anders halt.

Mich zu akzeptieren mit all meinen Schwächen, Fehltritten und Besonderheiten, hat mich meine Heimat finden lassen. In mir ist Ruhe eingekehrt. Ich habe aufgehört mich abzulehnen und damit auch meine Familie. Ich kann sie als einen Teil meines Lebens schätzen. Auch wenn wir komplett andere Weltanschauungen haben. Das ist okay.

Was mir sehr geholfen hat, ist zu verstehen, dass jeder Mensch auf einer anderen Bewusstseinstreppe steht.

Ich stelle mir vor, dass unser Bewusstsein eine unendliche Treppe in den Himmel ist. Je nachdem, was man für Erfahrungen gemacht hat und als Lernerfahrung im Positiven reflektieren konnte, steht jeder woanders. Jemand, der sich mit dem Thema gesunde Ernährung auseinandergesetzt hat, wird gezielter einkaufen und kochen als jemand, der sich überhaupt nicht dafür interessiert.

Wenn wir uns wertschätzen, können wir auch andere Menschen und ihre Verhaltensweisen annehmen. Vor allem die Menschen, die uns besonders nahestehen. Die eigene Familie.

Für mich ist es jedes Mal eine Herausforderung, wenn ich meine Eltern besuche, denn wir sind so verschieden und haben wenig gemeinsame Gesprächsbasis. Ich mag nicht über Krankheiten, Schmerzen und andere Leute sprechen und sie können nicht mit mir über Themen aus der Neurowissenschaft reden. Oder über andere inspirierende, positive Ereignisse. Es geht nicht. Ich kann mich auf ihre Stufe stellen, aber sie sich nicht auf meine. Da sind zu viele Treppenstufen dazwischen.

Annehmen, dass es so ist, hat mir sehr geholfen, eine gute Basis für mich zu finden. Meine Familie wird immer ein Teil von mir sein. Wenn ich auch nicht mit allem übereinstimme, was sie tun und wie sie leben. Es ist ihr gewähltes Leben. Auch wenn sie in der Opferrolle bleiben wollen. Im Schmerz und Leid. Sie haben mich begleitet und das getan, was ihnen zum gegebenen Zeitpunkt bestmöglich war, um mich selbstständig werden zu lassen.

ÜBUNG – FAMILIENCHARAKTERZÜGE

AUSRÜSTUNG:
- 1 Blatt Papier oder Buch
- 1 Stift

WEGWEISER:
1. Was fällt dir alles zu deiner Mama ein? Was zu deinem Papa? Zu deinen Geschwistern? Großeltern? Denke nur an eine Person und schreibe alles auf, was dir dazu einfällt. Korrigiere nicht. Egal, ob positiv oder negativ. Keine Bewertungen.

2. Ordne die Liste in positiv und negativ und streiche alles, was aus deiner Erwartungshaltung kommt. Beispiel: Die Mama freut sich für deine Erfolge nicht, die Schwester redet immer so laut, der Papa arbeitet nur und ist nie für dich da.

Übrigbleiben sollten Wesenszüge, die deine Familie beschreiben, die aber nicht aus deiner eigenen Erwartungshaltung rühren, weil du es anders haben willst.

Gerade die Familie gibt uns den besten Spiegel für uns selbst. Haben wir doch alle Anteile in uns, die auch in jedem anderen sind. Stört uns etwas im anderen, hat es mit uns selbst zu tun. Andersrum hat das, was den anderen stört, etwas mit dem anderen zu tun und nicht mit uns.

Spieglein, Spieglein im Gehirn

› Alles, was dich am anderen stört, ärgert, aufregt oder wütend werden lässt und du anders haben willst, ist auch in dir selbst. Der andere spiegelt das, was in dir ist. Du kannst schauen, was es mit dir zu tun hat. Sieh den anderen als Spiegel, der dir zeigt, was du machen kannst.
› Wenn es dich verletzt oder kränkt, wenn der andere etwas an dir kritisiert, bekämpft oder verändern will, dann betrifft es dich. Du kannst dir sagen: Danke für den Spiegel. Da ist etwas in mir, das gesehen und erlöst werden will.
› Berührt es dich nicht, dass der andere dich kritisiert, bekämpft oder ändern will, dann geht es um sein eigenes Bild. Seine Unzulänglichkeiten, die er auf dich projiziert. Da gibt es nichts, was für dich zu verändern wäre.
› Alles, was dir an anderen gefällt, was du liebst, das bist du selbst. Das hast du in dir und liebst du an anderen.

Wenn wir ordentlich sind und es uns nicht stört, dass unsere Kollegin chaotisch ist, dann haben wir den Schatten angenommen. Löst es in uns Angst aus, verteufeln wir es oder wollen wir es im anderen bekämpfen, dann sind es unsere eigenen Themen, die wir noch ansehen dürfen.

Dass wir uns spiegeln, gehört zu den wichtigsten Utensilien im Gepäck für die Reise durchs Leben. Dafür zuständig sind die Spiegelneuronen, die Resonanz auslösen. Ohne die Spiegelnervenzellen gäbe es keine Intuition und Empathie. Erst sie machen uns zu einem sozialen und mitfühlenden Wesen. Ohne sie wäre ein spontanes Verstehen zwischen Menschen unmöglich und Vertrauen undenkbar. Schon als Säugling starten wir mit einer Grundausstattung, die uns von Beginn an die Fähigkeit gibt, mit unserer Bezugsperson, meist unsere Mama, zu kommunizieren. Wir imitieren und senden die Signale zurück. Nicht eins zu eins, sondern in erweiterter, angereicherter Form. Durch die Neuronen treten wir emotional in Kontakt mit unserer Umgebung, tauschen Signale aus und entwickeln ein erstes Urgefühl des Sich-Verstehens. Spiegelungen gehören zu einem emotionalen und neurobiologischen Grundbedürfnis.

Beobachten wir, dass sich jemand beim Gemüseschnipseln in den Finger schneidet, erleben wir selbst ein Unbehagen und können nachempfinden, wie sich der Schmerz anfühlt. AUTSCH. Wenn wir die Empfindungen bei jemand anderem wahrnehmen, werden wir von diesen Gefühlen angesteckt. Positiv wie negativ.

Wie man in den Wald ruft, so kommt es zurück, sagt ein Sprichwort. Was ich an Signalen aussende, unbewusst oder bewusst, bekomme ich gespiegelt. Das Echo. Wenn ich zornig bin und meinen Frust an anderen Menschen auslasse, werde ich mit hoher Wahrscheinlichkeit auch dementsprechende Reaktionen erhalten. Man wird mir nicht gerade liebevoll begegnen. Rückzug. Konfrontation. Zurückschreien.

Sind wir nicht offen genug oder blockieren uns andere starke Emotionen, kann es sein, dass wir auch auf ein Lächeln in der S-Bahn nicht reagieren.

So wie wir Menschen uns im Kleinen, im Gegenüber, spiegeln, so ist die Welt ein Spiegel für uns. Für unser Verhalten und unsere Gier. Der Kreislauf bleibt aufrecht, alles ist miteinander verbunden. Wir sind angewiesen, das eigene Überleben durch ständige Anpassung zu sichern und rechtzeitig zu erkennen, von wem oder was Gefahr ausgeht, und gleichzeitig andere zu finden, die uns die eigenen Gefühle und Bedürfnisse spiegeln.

Ein Mädchen stand barfuß auf einem Stein und starrte mich an. Ich winkte ihr. Sie rief einige Worte. Ein Mädchen mit Zopf und ein Junge tauchten auf.

Ich grinste sie an. »Hallo«, sagte ich. »Wie heißt ihr?« Ging zu den Kindern.

Das Mädchen mit den zusammengebundenen Haaren nahm meine Hand, zog mich mit ihr. Wie vertrauensvoll und offen sie war. Ich folgte ihr über die vielen Steine, kam zu einer Ebene. Acht Frauen saßen von Kopf bis Fuß in Schwarz gekleidet unter einem Baum. Verschleiert. Kinder

liefen herum. Ein Topf stand am Lagerfeuer. Ich kam lang-
sam näher. Winkte.

»Hallo«, rief ich auf Arabisch. Wartete ihre Reaktion ab.
War mir nicht sicher, ob ich als Eindringling galt und sie
Angst vor mir hatten. Auch für mich war die Begegnung
überraschend und ich war etwas angespannt. Sie flüster-
ten miteinander, dann winkten sie mich her. Die Kinder
fassten mich am Arm an. Auch eine Frau. Kicherten. Ich
musste lustig für sie ausschauen. Als Frau in Berghosen,
mit einem Beduinentuch auf dem Kopf. So ganz anders als
die Frauen hier in den Bergen Sinais in Ägypten. Ich setzte
mich auf den Boden ans Feuer. Wartete, was jetzt gesche-
hen würde. Sie zeigten mir ihre Stickereien, und schon hatte
ich eine Nadel in der Hand. Ein Mädel stellte die Schachtel
mit den bunten Perlen zu mir. Zeigte mir, wie sie die Perlen
auffädelte und dann auf die Geldbörse stickte. Ich probierte
es. Das machte Spaß. Eine Frau nahm meine Stickerei, zeig-
te es herum. Die Frauen nickten und lachten.

Schnell fühlte ich mich aufgenommen in ihrem Kreis. Da-
zugehörig. Ich war überglücklich. Dankbar, dass ich das
erleben durfte.

Sie gaben mir Tee, stellten einen Topf in die Mitte und legten
Brot dazu. Besteck gab es nicht. Hier aß jeder mit der rech-
ten Hand aus einem Topf. Ich auch.

Wir verständigten uns meist mit Gesten. Nicken. Kopf-
schütteln. Sie waren neugierig und stellten mir Fragen.
Meist konnte ich als Antwort nur meine Schultern zucken

*und lächeln. Das Reden war eine Barriere, weil niemand
Englisch sprach. Das fand ich schade. Ich hätte gerne mehr
über sie und ihr Leben erfahren.*

*Ich hörte zu, wenn sie sprachen. Versuchte zu verstehen.
Lachte mit. Wenn ich auch keine Ahnung hatte, weshalb sie
Spaß hatten. Vielleicht über mich. Warum auch nicht.*

Auf meiner Reise respektierte ich die einheimischen Menschen,
so wie sie waren. Mit ihrer Kultur. Ihrer Religion. Tradition. Das
brachte mir unglaublich schöne Begegnungen. Ich fühlte mich
wertgeschätzt. Auch wenn sie öfter über mich tuschelten oder
lachten. Ich lachte einfach mit und hatte Spaß. Vor allem nahm
ich nichts persönlich. Ich lebte aus meinem Herzen und nichts
war geschauspielert. Das brachte mir Anerkennung und Verbundenheit.

Menschen vergleichen und bewerten. Unbewusst. Mit dem, was
sie an Erfahrungsschatz haben. Ich musste manchmal wie ein
Alien gewirkt haben. So fremd und anders. Dennoch wurde mir
meist mit größter Höflichkeit begegnet und ich spiegelte das
Willkommensein gerne zurück. Eine Bereicherung fürs Leben.

**Die Welt ist ein Spiegel, der mir meine Beziehungen und mein
Leben spiegelt.**

Wir sehen immer nur uns selbst, egal wohin wir schauen. Alles,
was wir in unserem Leben erlebt und erschaffen haben, ist das
Resultat unserer Gedanken und Gefühle. Sie zeigen uns, welche
Werte wir leben. Legen wir Wert auf Qualität, dann werden wir
eher hochwertige Lebensmittel kaufen. Weil es uns wichtig ist,

was wir in unseren Körper füllen. Unser Denken bestimmt unsere Körperhaltung, Gestik und Mimik. Wie wir mit uns selbst umgehen und wie wir uns sozial verhalten.

Wenn ich an meine Jugend denke, dann muss ich lachen. Gerade in dieser Zeit sind wir auf der Suche nach uns selbst und wollen uns zum Ausdruck bringen. Uns von Mama abnabeln, um unseren eigenen Weg zu gehen. Ich probierte vieles aus, um zu erkennen, was ich will und was nicht. Bei der Musikrichtung angefangen. Techno. Pop. Metal. Je nachdem, wo ich gerade unterwegs war, so war auch meine Kleidung. Mein Auftreten veränderte sich mit dem, was ich in mir als Weltsicht lebte.

Wenn wir uns selbst anschauen, unseren Besitz, unsere Beziehungen, unser Auftreten, dann wissen wir, wer wir sind und was wir vertreten. Gefällt es uns nicht mehr, stört uns etwas und fühlen wir uns nicht mehr wohl, dann können wir es ändern.

Nichts ist in Stein gemeißelt. Jederzeit ist alles änderbar.

Wollen wir entspannter durch unser Leben gehen, dann können wir dafür sorgen, dass wir mehr Zeit freischaufeln, um zur Ruhe zu kommen. Es liegt immer an uns, ob wir es tatsächlich wollen oder nicht. Es ist an der Zeit Eigenverantwortung zu übernehmen und nicht irgendwas oder irgendwen als Schuldigen zu suchen.

Ersetze Schuld durch Verantwortung. Das passt viel besser. Sei verantwortlich für das, was du in deinem Leben machst. Auch für deine Gefühle. Denn alles darf sich zeigen. Auch dass du mal wütend bist oder jemandem für eine Zeit aus dem Weg gehst. Das ist menschlich. Wir sind alle Gefühlswesen, unterwegs mit einem gefüllten Rucksack an Erfahrungen aus der Vergangenheit und Sorgen um die Zukunft.

MACH MAL EINE PAUSE

Entspannung

Die Balance im Alltag zwischen Anspannen und Entspannen, zwischen Tun und Sein ist nicht immer einfach zu finden. Jeder lebt in seiner eigenen Wahrnehmung und hat einen anderen Stresslevel.

In meiner Kindheit hörte ich laufend von meiner Mama, dass die Arbeit am Hof stressig ist. Das Heu musste geerntet, die Kuh versorgt und das Gemüse angepflanzt werden. Ständig hörte ich das Wort: Stress. Das Wort hat sich in mich eingebrannt. Also war auch in meinem Leben alles stressig. Bei der kleinsten Planänderung war ich fix und fertig. Vor allem, wenn das Wetter nicht so mitspielte, wie ich wollte. Das stresste mich ungemein, denn ich konnte es nicht kontrollieren und nicht so haben, wie ich es gerade wollte. Auch konnte ich nie verstehen, was für meine Mama stressig war. Lebte sie doch die Selbstständigkeit am Bauernhof. Ohne zeitlichen Druck. Ohne Befehle. Ich hingegen rannte tagtäglich im Büro von einem Termin in den nächsten und hatte oft keine Zeit, um zu essen. Auch vergaß ich Wasser zu trinken und merkte es erst, wenn sich wiedermal meine Nieren meldeten und ich das Gefühl hatte, Steine in mir herumzuschleppen. Vor lauter Eile und Stress. Im Vergleich zu mir kam mir das Leben meiner Eltern idyllisch vor. Und doch empfand Mama immer Stress.

Um zur Gesellschaft dazuzugehören, nehmen wir oft viel in Kauf. Das was wir aussprechen, ist unser Weltbild. Damit identifizieren wir uns und das leben wir.

Stress entsteht, wenn ein Reiz ausgelöst wird. Das kann eine Situation, Erfahrung, Anforderung oder Krankheit sein. Auch ein Konflikt oder etwas, worauf wir hoffen und was dann doch nicht eintritt. Wir nehmen wahr, treffen eine Einschätzung und bewerten die Situation. Gefährlich. Positiv. Neutral. Wenn wir der Gegebenheit nicht gewachsen sind und glauben, sie mit unseren verfügbaren Ressourcen nicht meistern zu können, dann bekommen wir Stress. Darunter versteht jeder etwas anderes. Das kann auch schon ein voller Posteingang bei den Mails sein, ein Verkehrsstau, wenn jemand um den heißen Brei redet oder ein schreiendes Kind in der Straßenbahn. Unser Körper reagiert. Ein Kloß im Hals, Herzrasen, Schweißausbruch, ein Gefühl von Enge. Schon laufen unsere Gedanken: Muss das jetzt sein. Warum schon wieder. Ich habe keine Zeit. Sei still.

Mobbing. Arbeitsplatzverlust. Angst vor Misserfolg. Kränkungen. Unklare Ziele. Informationsflut. Fehlende Anerkennung. Hunger. Ständige Unterbrechungen. Widersprüchliche Zusagen. Nässe. Kälte. Schlechtes Betriebsklima. Es gibt im Alltag unendlich viele Gründe, um Stress zu empfinden. Gerade dann, wenn wir etwas weniger Erfolg haben als erwartet. Unser Angst- und Abwehrsystem wird aktiviert, die Erfahrung als negativ abgespeichert und wir haben keine Motivation, es nochmals zu probieren. Hilflosigkeit.

Eines der wichtigsten Dinge, die ich auf meiner Reise gelernt habe, ist: die Kontrolle aufzugeben. Wir wollen immer alles steuern und im Griff haben. Damit wir genau wissen, was auf uns zukommt und nicht überrascht werden. Aber das ist nicht möglich. Wir können das Außen nicht kontrollieren. Nicht die Natur. Nicht andere Menschen. Oder Tiere.

Wir können nur uns selbst am Boden halten. Indem wir uns näher kennenlernen und Tools und Techniken anwenden, um unsere Gedanken zu stoppen. Damit wir wieder klare Sicht bekommen.

Wer verstehen will, muss zuhören und braucht Zeit und Raum, um zu reflektieren.

Meine Leidenschaft ist das Wandern. Wenn ich in der Natur unterwegs bin, entspanne ich mich. Die Natur absorbiert alle Probleme, Ängste und Sorgen und füllt uns auf mit frischer Energie und Lebenskraft. Deshalb bin ich so oft wie möglich draußen unterwegs, gehe bewusst meinen Weg und spüre mich wieder.

Um wieder bei mir anzukommen und mich zu erden, unterstützt mich die Geh-Schüttel-Meditation, die überall gemacht werden kann. In jedem Stadtpark. Im eigenem Wohnzimmer. Am Waldrand. Am Berg.

ÜBUNG – BODYSHAKING

TEIL 1:

1. Stelle deine beiden Füße hüftbreit auf den Boden und lasse die Hände seitlich hängen. Nimm die Umgebung wahr. Was hörst du? Siehst du? Riechst du? Fühlst du? Zwitschern Vögel? Weht ein eisiger Wind? Riecht es nach Pilzen oder Mittagessen? Wenn du dich mehr aufs Hören und Fühlen konzentrieren möchtest, dann schließe deine Augen. Bleibe etwa eine Minute so stehen und beobachte.

2. Was hast du wahrgenommen, was hat dich besonders erfreut? Lächle. Ist es der blaue Himmel? Das Knarren eines Baumes? Der Duft des Strauches? Oder auch ein Gedanke, der dich zum Lächeln bringt? Eine lustige Unterhaltung mit einem Kollegen? Ein Video? Ein Spruch? Freue dich. Lächle.

3. Nimm deinen Körper wahr. Wippe nach vorne auf die Zehenspitzen, nach hinten auf die Fußsohle. Verlagere dein Gewicht auf den rechten Fuß und auf den linken Fuß. Spüre dabei den Untergrund. Atme ein Mal tief durch die Nase ein und durch den Mund aus.

TIPP:

Stelle dir vor, wie du die Luft vom Himmel in deinen Kopf, den Hals, die Brust, in deinen Bauch einatmest und über deine Füße, Knie und Fußsohlen in den Boden ausatmest. Spüre in deinen Körper. Knurrt dein Magen? Hast du Herzklopfen? Drückt dein Hosenknopf? Mache das Ganze insgesamt drei Mal.

4. Lächle nochmals und dann gehe los. Deine Füße folgen deinem Atem, nicht umgekehrt. Bis ein Rhythmus entsteht. Konzentriere dich auf die Schritte und aufs Atmen. Kommen Gedanken hoch, wie zum Beispiel: Was du noch alles zu tun hast, jemandem sagen musst, oder ein Streitgespräch, dann sage dir: AHA. Du kannst dazu auch bewusst stoppen und stehenbleiben. Fokussiere dich wieder auf dich und deinen Körper. Gehe so lange, bis du das Gefühl hast, dass du dich wieder spürst und im Flow bist.

TEIL 2:

1. Stoppe an einem Platz, wo du dich wohlfühlst. Gehe leicht in die Knie und beginne von den Knien aus, dich zu schütteln. Mit einer Hand streichst du über deinen Bauchnabel, deine Körpermitte. Mit der zweiten Hand klopfst oder streichst du über dein Dekolleté, deine Thymusdrüse. Du kannst auch mal die Hände abwechseln. Dann nimm eine Hand und streiche hinten am Rücken in Höhe des Steißbeins hin und her. Die eine Hand bleibt vorne beim Bauchnabel.

2. Beginne dich mehr und mehr zu schütteln. Arme, Beine, Kopf, Schulter, Hüfte, Füße, Hände. Mach es in deinem Tempo, ob sanfter oder wilder. Alles ist erlaubt. Auch hüpfen oder Laute. Gib all den Stress und Ballast in den Boden ab. Lass alles los, was dir nicht guttut.

3. Nun stelle dich fest verwurzelt hin und klopfe dich ab. Deine Hände, Arme, Oberkörper, Popo, Oberschenkel, Füße. Innenseiten der Schenkel, Außenseite. Alles, was du berühren kannst. Liebevoll oder fester. Wie es dir guttut.

TEIL 3:

1. Spüre wieder den Boden unter deinen Füßen und gehe langsam los. Konzentriere dich auf deiner Atem, deine Körpersignale, ev. deine Wehwecher. Begegne diesen liebevol. Tauchen wieder Gedanken auf, dann sage: AHA, bleibe ev. dazu stehen. Gehe weiter und entspanne, bis du in einen F owzustand kommst.

WEITERE STEIGERUNGSSTUFEN:

› Wenn du im flachen, ebenen Gelände unterwegs warst, dann gehe einen steileren, unebenerer Weg. Hier kannst du dich beliebig steigern und herausfordern.

› Gehe barfuß. Ohne Schuhe spürst du die Verbindung zur Natur und deinem Körper noch mehr.

Eine Längsschnittstudie von Gehirnforschern zeigt, dass bereits nach acht Wochen Training mit täglich 45 Minuten Übungsdauer eine Verdichtung im Hippocampus zu beobachten ist. Eine Struktur in unserem Gehirn, die umgekehrt bei Dauerstress durch einen hohen Cortisolspiegel im Blut geschädigt werden kann. Die Abnahme der Stressbelastung wirkt sich auch in der Amygdala aus, die unter anderem eine wichtige Rolle bei der Auflösung von Angstreaktionen spielt.

Forscher haben herausgefunden, dass Tiere wie das Zebra sich nach einer Verfolgungsjagd schütteln. Sie nutzen diese Technik, um körperliche Anspannung loszuwerden und wieder in die Entspannung zu kommen.

Können wir uns entspannen, dann können wir unser Leben auch von einem anderen Blickwinkel betrachten. Vieles scheint plötzlich nicht mehr so schlimm. Wenn vorher nur Probleme gesehen wurden, erscheinen auf einmal Lösungen. Die Motivation kehrt zurück, alles wird machbar. Wir treffen gute Entscheidungen, wenn sie auch unser Leben total verändern, und unser Leben wird gelassener, ruhiger und friedlicher.

Im Beta-Zustand unseres Gehirns, bei 15 bis 20 Hertz, ist unser Alltagsbewusstsein angesiedelt. Dort findet das bewusste Denken, Lernen und Nachdenken statt. Wir sind fokussiert und nach außen hin orientiert. Steigt der Stresslevel, spüren wir Unruhe und Zeichen der Anspannung, dann steigen auch die Frequenzen. Erreichen wir den Gamma-Bereich von über 30 Hertz, dann kommen wir in Extremsituationen und wir gehen an unsere Grenzen. Unwohlsein. Panik. Ohnmacht. Aber nicht nur bei außergewöhnlichem Stress gelangen wir in diesen Bereich, sondern, wie eine Studie an Mönchen zeigt, auch bei langjähriger Meditationspraxis. Hier entsteht eine Art Superbewusstheit und höhere Bewusstseinszustände können erreicht werden.

Forscher, die Hirnscans des buddhistischen Mönchs Matthieu Ricard anfertigten, entdeckten, dass er die höchste Anzahl von Gammawellen – die mit Aufmerksamkeit, Erinnerungsvermögen, Lernen und Glücksgefühlen in Verbindung gebracht werden – hatte. Sie nannten ihn deshalb *den glücklichsten Menschen der Welt*.

Entscheiden wir uns, dass wir unsere Aufmerksamkeit nach innen richten, unseren Körper und Geist entspannen, dann können wir abschalten und Ruhe kehrt ein. Im Alpha-Bereich, bei in etwa zehn Hertz, sind wir empfänglich für visuelle und verbale Suggestionen. Hier ist die Brücke zwischen Bewusstem und Unbewusstem. Sinken unsere Gehirnfrequenzen in den Theta-Bereich, dann gelangen wir in den Traumzustand. Unsere Herzfrequenz kann dann bis auf 0,5 Hertz in den Delta-Bereich sinken, wo wir in Trance sein und eine tiefe Meditation erfahren können. In diesem Bereich kann die Selbstheilung aktiviert werden.

Ich lag in einem Hotelzimmer im Sudan. Gliederschmerzen. Kopfweh. Übelkeit. Leichtes Fieber. Mich hatte etwas voll erwischt. Den Verdacht auf Malaria konnte ich mit einem Test in einem der schäbigsten Krankenhäuser, das ich je betreten hatte, beseitigen. Das entspannte mich ein bisschen, um meine sprunghaften Gedanken unter Kontrolle zu bringen. Aus der Frequenz der Ungewissheit und Angst auszusteigen, dass ich hier gleich sterben könnte.

Dennoch musste ich schnell eine Lösung finden, um wieder fit zu werden. Ich sehnte mich nach: warmem Wasser zum Duschen, einem Tee und natürlich auch noch lieben Menschen, die jetzt für mich da waren. All das hatte ich gerade nicht. Der vom Hotelbesitzer gebrachte Wasserkocher funktionierte nicht. BANG. Ich legte mich wieder ins Bett. Trank Wasser, schleckte Honig. Wenn ich keine Liebe im Außen bekam, dann musste ich mir Liebe durch Berührung geben. Massierte meine Füße, Schultern und mein Gesicht. Ich drückte. Knetete. Das tat gut. Das ständige Grübeln in der Vergangenheit. Schluss damit. Das lässt mich nicht gesund werden. Ich hatte meinen Fokus zu ändern. Auf das, was ich wollte. Gesund werden. Und nicht auf das, was ich nicht wollte. Weiterhin krank sein. Leiden.

Zum ersten Mal seit Langem konnte ich mich wieder entspannen. Ich dachte daran, wie schön es sein würde, wenn ich wieder reiste. Dass ich weitere Erlebnisse in mein Leben zog. Wieder entdeckte. Lachte. Freude hatte, mit den Menschen zu reden. Zu teilen. Das fühlte sich gut an. Ich lächelte über die schönen Bilder in meinen Gedanken.

Wenn wir unentspannt sind, können wir nur schwer Lösungen finden, sind schnell im Selbstmitleid und in der Opferrolle. Bleiben wir zu lange in diesem Rad, dann ist es schwer wieder rauszukommen. Meist brauchen wir einen Schubs von außen, dass wir in die Gänge kommen und etwas ändern. Aber nur, wenn wir dazu bereit sind.

TUE, WAS DICH AM MEISTEN BEGEISTERT

Lebensfreude

»Ich schreibe ein Buch«, sagte ich zu meiner Schwester. Lächelte und nickte.

»Ein gutes, spannendes Buch.« Schon sah ich Bilder vor meinen Augen. Wie Menschen es lesen – im Park, am Strand, auf der Couch – und sie beflügelt sind. Mitfühlen und Freude haben. Ich mit meinen Worten ihren Alltag verzaubere und ihr Leben bereichere.

Die Vorstellung zauberte mir schöne Gefühle in meinem Körper. Ich war voller Lebensfreude und Begeisterung. Konnte gar nicht anders, als zu schreiben beginnen und meinen Traum umzusetzen.

Momente der Begeisterung nähren unseren Alltag. Wir sind Feuer und Flamme. Wollen es sofort umsetzen. Warten wir zu lange, kommen uns Zweifel. Sind wir gut genug? Können wir das? Was sagen die anderen? Diese Störgedanken können uns ausbremsen und wir bleiben nicht dran. Geben auf.

In meinem Schreibprozess hatte ich solche Gedanken. Manchmal habe ich meinen Laptop zur Seite gestellt, meine Beine auf den Tisch gelegt und bin mit verschränkten Armen im Sessel gesessen.

Ich schreibe nicht mehr weiter, dachte ich. Nein, mache ich nicht und schmollte. Was schreibe ich da überhaupt? Irgendwie ist das ja alles Kraut und Rüben. Ich wippte auf und ab. Weiß überhaupt nicht, ob ich den roten Faden noch habe. Ich setzte mich aufrecht hin, stützte meinen Kopf mit beiden Händen ab und glotzte aus dem Fenster.

Die Freude ein Buch zu erschaffen, einen Mehrwert für die Menschen, war nicht mehr vorhanden. Futsch. Ich konnte mich manchmal nicht erinnern, wozu ich das Ganze überhaupt machen sollte. Es war anstrengend und ich musste aus meiner Komfortzone. Auch wusste ich nicht, ob es je jemand lesen wollte. Ob ich tatsächlich Menschen begeistern konnte oder nur Kritik zurückbekommen und an den Pranger gestellt werden würde.

In Momenten wie diesen umklammere ich meinen Anhänger, eine Schuhsohle, an meiner Kette. Ihn habe ich aufgeladen mit besonders schönen Glücksgefühlen. Sicherheit. Geborgenheit. Lebensfreude. Schnell bin ich dann wieder im Vertrauen. Steige aus der Frequenz von Zweifeln, Ängsten und negativen Gefühlen aus und zaubere mir positive Gefühle in meinen Körper.

Mein Herz raste. Es war dunkel. Yosef kniete einen Meter vor mir mit einem Holzscheit in der Hand. »Was tust du da?«, zischte ich. Wich vor ihm zurück, setzte mich auf und schaute ihn mit zusammengekniffenen Lidern an. Hatte ihn gerade am Strand von Israel kennengelernt und den Tag zusammen mit seinen beiden Freunden verbracht.

Er richtete sich auf. »Was tust du da? Ich habe mir gedacht,
dass du im Zelt bei Ziv schläfst. Entschuldige«, sagte er. Hob
den Klotz mit einer Hand über seinen Kopf und ging davon.

Er hatte mich erschreckt. Mein Herz polterte noch immer,
während ich ihm zusah, wie er das Holz ins Feuer legte.
Instinktiv holte ich meine Laptoptasche mit dem Reisepass,
mein Handy und meine Geldtasche aus dem Rucksack, leg-
te sie zu meinen Füßen in den Schlafsack.

»Du spinnst ja. Bist verrückt!« In meinem Kopf polterte es.
Es meldete sich Kleopatra, mein altes Ich.

»Hockst allein in Israel am Strand«, sagte die laute Stimme
in meinem Kopf, die mich zu einer Unterhaltung zwang. Ein
Dialog, mit mir, in mir. »Allein mit Menschen, die du gerade
kennengelernt hast. Glaubst, das sind deine Freunde? Dann
wunderst du dich, wenn so was passiert. Mich wundert es
nicht. Und was machst du? Du sorgst dich um deine Wert-
sachen. Ernsthaft!«

Ich sah mich im Kleopatra-Look vor dem Spiegel. Funkeln-
de Pupillen glotzten mich an. Mein altes Ich spukte mir
jetzt in meinem Gehirn herum.

»Vor einem Jahr hast du noch in einer Wohnung mit Alarm-
anlage, einbruchssicherer Tür und einem Tresor gelebt.
Doppelt und dreifach warst du versichert.« Sie zeigte mir
den Vogel. »Hättest du mich gefragt, dann hätte ich dir
gleich sagen können, dass es eine bescheuerte Idee ist.
Aber du willst ja deinem Gefühl folgen. Deinem Herz mehr

Glauben schenken als deinem Verstand. Das hast du davon.
Wirst schon sehen.«

Im Moment fühlte ich mich winzig, wie ein Bärtierchen.
Kaum einen Millimeter groß, aber in der Kunst des Über-
lebens einsame Spitze. Ich reiste ohne Sicherheit. Nur mit
dem Vertrauen, dass ich gute Erfahrungen in mein Leben
ziehen werde. Solange ich auf mein Gefühl hörte, mich
nicht von meiner Kopfstimme abbringen ließ. Zu viele Jah-
re hatte ich mir selbst nicht zugehört. War geblendet von
Kleopatra und ihren lauten Worten. Hörte nicht auf meine
flüsternde Herzensstimme. Jetzt wollte ich im Moment le-
ben, auf mich hören. Nicht alles glauben, was sie mir sagte.
Hinterfragen.

Ich umklammerte meinen Anhänger, eine Schuhsohle, an
meiner Kette. Ihn hatte ich vor der Reise aufgeladen mit be-
sonders schönen Glücksgefühlen. Sicherheit. Geborgenheit.

»Ich verstehe dich, wenn du Angst hast. Das brauchst du
nicht. Du kannst uns glauben. Wir sind hier sicher. Alles ist
gut, Andrea. Alles ist gut«, beruhigte ich das hüpfende Rum-
pelstilzchen mit dem Pagenkopf in meinem Gehirn.

Einen Anker an einer Körperstelle, einem Bild, Wort oder Sym-
bol zu setzen, ist eine besonders tolle Technik, um schnell wieder in ein positives Gefühl zu kommen. Egal welche Alltagssi-
tuation dich aus der Bahn zu werfen droht. Oder auch, wenn du
dich einsam fühlst. Du kannst dir positiven Gefühle aufladen,
die du dann in gewissen Situationen abrufen möchtest.

ÜBUNG – ANKER SETZEN

AUSRÜSTUNG:

- · 1 Moderationskarte
- · 1 Schnur, Seil oder auch ein Kabel (ca. 2 m lang)
- · 1 Stift

WEGWEISER:

1. Überlege, welche Situation es in deinem Leben gibt, die du auf eine andere Art und Weise erleben möchtest. Welche negative Situation möchtest du künftig mit einem positiven Gefühl verknüpfen? Schreibe das positive Gefühl auf eine Moderationskarte. Zum Beispiel Gelassenheit, Mut, Dankbarkeit, Liebe, Vertrauen.

2. Lege einen oder auch zwei Anker fest, die du künftig mit dem schönen Gefühl besetzen willst. Du kannst eine Körperstelle wählen oder zusätzlich auch ein Bild oder Wort. Beispiele für Körperstellen-Anker: ein Ohrläppchen kneten, den Ellbogen umschließen, eine Faust machen; Beispiele für Anker-Bilder: in der Hängematte am Strand liegen, die Besteigung eines Berggipfels. Beispiele für Symbole: Anhänger an einer Kette, Ring. Beispiele für Wort-Anker: Sonnenschein, Lichtquelle, Sommertag.

3. Mache mit der Schnur einen Kreis, lege die beschriebene Moderationskarte hinein.

4. Stelle dich außerhalb vor den Kreis und beschreibe kurz die negative Situation, die du künftig anders erleben möchtest.

5. Steige in den Kreis. Erinnere dich an eine Situation oder Erfahrung in deinem Leben, wo du genau das Gefühl hattest, das du jetzt verankern möchtest. Vielleicht eine Erinnerung aus der Kindheit, vom letzten Urlaub oder einem Tagesausflug. Fühle hinein. Schau dich um. Wo bist du? Was siehst du? Riechst du? Welche Menschen sind um dich oder bist du allein? Hörst du Stimmen? Spürst du eine körperliche Reaktion? Ein Kribbeln, Wärme, Lächeln im Gesicht? Nimm mit all deinen Sinnen wahr, wie sich das positive Gefühl anspürt.

6. Wo stehst du im Moment auf einer Skala von 0 bis 10, wenn 10 bedeutet, dass es das Stärkste ist, was du bisher fühlen konntest? Ziel ist, das positive Gefühl so intensiv wie möglich wahrzunehmen. Ist es noch nicht stark genug, dann schau dich weiter um. Was fällt dir noch auf? Kannst du noch etwas Besonderes sehen? Hören? Riechen? Schmecken?

7. Nimm den schönsten Moment aus der Erinnerung und dann setze den Anker so, wie du ihn ausgewählt hast. Fühle nochmals hinein und atme ein Mal tief ein, aus.

8. Steige nach vorne aus dem Kreis. Schüttle deine Hände und Beine aus. Um aus dem Gefühl auszusteigen, denke an das, was du gestern gegessen hast. Hat es dir geschmeckt? Ein Separator trennt verschiedene gedankliche Phasen und ist wichtig, um den inneren Zustand zu verändern.

9. Um zu schauen, ob das positive Gefühl gut verankert ist und du es später jederzeit abrufen kannst, mache einen Test. Steige in den Kreis, löse den Anker aus und rufe das Gefühl wieder auf. Steige wieder nach vorne aus dem Kreis. Setze dir einen Separator. Das kannst du so lange wiederholen, bis das positive Gefühl schnell da und stark ist.

Das Betriebssystem der Natur sieht vor, dass Glücksgefühle erst dann ausgeschüttet werden, wenn wir eine Chance sehen, einem zum Überleben notwendigen Bedürfnis nachzukommen. Das Bedürfnis nach Nahrung, Sicherheit oder sozialer Unterstützung. Dann geht unser Gehirn wieder in den Neutralzustand. Wartet, um bei der nächsten Überlebensgelegenheit vorbereitet zu sein. Deshalb haben wir Hochs und Tiefs im Leben. Das sind unsere Gefühle. Sie schenken uns Empathieverbindungen zu Menschen und wir fühlen mit. Emotionen werden uns daher immer von autonomen mobilen Robotern und intelligenten digitalen Assistenten unterscheiden und deshalb nie vollständig ersetzen können. Zum Glück.

VERTRAUE DIR

Vertrauen

Wer von uns hatte Eltern, die ihn voll unterstützt und angefeuert haben bei all unseren verrückten Ideen und Träumen? Unsere Stärken noch mehr gestärkt haben und uns, als einzigartige Wesen, so sein haben lassen, wie wir waren. Ich kenne niemanden, der eine hundertprozentig schöne Kindheit hatte und seinen freien Willen ausleben durfte. Auch nicht bei denjenigen unter uns, die sogenannte Helikopter-Eltern hatten. Erziehungsberechtigte, die überfürsorglich handelten und ihre Kinder überforderten. Musikstunden. Chinesischunterricht. Golfklub. Ständige Ermunterung, noch mehr zu machen und noch besser zu werden. Spätestens in der Schule gab es Regeln, an die wir uns zu halten hatten und die unseren Geist gebrochen haben. Damit wir ins System passten.

Freigeister gehen ihren eigenen Weg und hinterfragen. Lassen sich nicht in Schubladen pressen und sind nicht manipulierbar. Sie vertrauen vor allem auf sich selbst. Wenn auch ab und an Zweifel auftreten. Sie wissen, dass diese nötig sind, um sich selbst zu testen, ob der eingeschlagene Weg noch richtig und stimmig ist.

Nur wenigen Menschen wurde Selbstvertrauen in die Wiege gelegt. Das passiert dort, wo die Eltern schon mit vollem Vertrauen durchs Leben marschieren, die Kinder das Vertraute nachahmen und es für sie selbstverständlich wird. Die meisten von uns mussten sich das Vertrauen über viele Jahre und mit tausenden Schlägen ins Gesicht aufbauen. Ja, regelrecht erkämpfen. Zu sehr verschüttet wurde dieses Gefühl in uns. Die Zweifel, Selbsterniedrigungen und Abwertungen waren stärker. Wir hörten in unserem Umfeld oft nur Negatives, es wurde uns tagtäglich vorgelebt. Kein Wunder, dass manch einer von uns gefühlstot wurde. Kalt. Hart. Unbarmherzig.

Ich war als Kind so verschreckt, dass ich mich vor Menschen, vor allem Männern, fürchtete. Mein Vertrauen wurde gebrochen. Ich hatte viele seelische und körperliche Verletzungen erlitten. Ich fürchtete, dass mich hinter jedem Eck Schlimmes erwartete Mein Fokus war auf Demütigungen ausgerichtet. Gutes und Liebevolles konnte ich selten fühlen, es war mir auch nicht vertraut.

Gerade wenn Eltern über das Leben bestimmen, vorgeben, wo es für uns langgehen soll, können wir wenig Selbstvertrauen aufbauen. Wir lernen nicht, um gute Entscheidungen zu treffen, auszuprobieren und daraus Erfahrungen zu sammeln. Auch sie lebten in ihrem vertrauten Muster und gaben weiter, was ihr vertrautes Weltbild war.

In meiner Familie waren die Männer dominant und hatten das Sagen. Die Frauen mussten sich unterordnen, folgen und gehörig sein. Sonst gab es Strafe oder Prügel. Es wurden Besitzansprüche an andere Personen gestellt, um zu kontrollieren.

Solche Vertrauensbrüche, gerade von Eltern, denen man als Kind blind vertraute, hinterlassen eine tiefe seelische Wunde und prägen das Leben. Und doch kann ich im Nachhinein nur sagen: Danke. Danke, dass ich all die Erfahrungen machen durfte. Sie haben mich wachsen lassen und gestärkt. So werden lassen, wie ich jetzt bin. Und ich bin gut, so wie ich bin.

Vertrauen wir uns selbst nicht, dann spiegeln uns auch die Menschen in unserem Umfeld, dass sie uns nicht vertrauen. Weil sie unsere Unsicherheit spüren und immer nur einen Spiegel darstellen. Wir ziehen nur jene Menschen an, die mit uns in Resonanz gehen und unsere Werte vertreten.

Lief ich früher mit dem Motto, Vertrauen ist gut, Kontrolle ist besser, durch mein Leben, so heißt mein Leitsatz heute: Vertraue dir, dann vertraut dir die Welt und du lebst ein glückliches, gesundes Leben.

Wie baut man Vertrauen zu sich selbst auf? Gerade, wenn man schon viele schmerzhafte Erfahrungen gemacht hat und kleingemacht wurde. Enttäuscht und hinuntergedrückt. Wenn Ängste und Sorgen dominieren. Wenn es nur darum geht, ja nicht wieder verletzt zu werden.

Indem man:
› sich Ziele setzt, diese erreicht und stolz auf sich ist
› Menschen mit der beruflichen Erfüllung begeistert
› Neues ausprobiert und es gelingt, oder man nicht aufgibt und dranbleibt, falls es nicht auf Anhieb geschafft ist
› hinfällt, wieder aufsteht und sofort reflektiert und daraus lernt
› sich mit Ironie und Humor selbst nicht alles glaubt
› viel lacht über alles, was passiert ist und noch passieren wird
› achtsam mit sich selbst umgeht, das sind Streicheleinheiten für die Seele

> zu getroffenen Entscheidungen steht: Ja, ich stehe dazu
> seine persönlichen Werte kennt und lebt
> lernt, Grenzen zu setzen, um seine eigenen Grenzen zu wahren: Sage NEIN, wenn du NEIN fühlst
> Altes und das, was einen im Wachstum behindert, loslässt
> kein schlechtes Gewissen, keine Schuldgefühle hat: Alles ist gut, so wie es ist, und alles hat einen Sinn, wenn man ihn auch nicht gleich erkennt
> das Herz öffnet und sich wieder verletzbar zeigt

Ziehen wir uns zu lange in unser Schneckenhaus zurück, hilft das dem Vertrauen gar nicht. Im Gegenteil. Wir bestätigen uns mit unserem Rückzug selbst, dass wir verletzt sind. Wie arm wir sind. Wie ungerecht alles ist. Gehen wir rasch wieder in die Welt hinaus, dann geschieht eine Veränderung und wir finden neue Wege und machen neue Erfahrungen.

Leistungssportler, die im Wettkampf stürzen, stehen schnell wieder auf. Sie bleiben nicht lange am Boden liegen, sie kämpfen sich wieder zurück an die Spitze, und das oft stärker als je zuvor.

Gerade in Beziehungen ist Vertrauen ein wichtiges Element. Wir sind alle miteinander verbunden. Im Job mit dem Chef und den Kollegen. Privat mit dem Partner, Eltern, Geschwistern, Freunden. Wir haben unterschiedliche Beziehungen und sie sind nicht alle immer gleich stark. Beziehungen sind wie Schnüre. Manchmal sind sie zart wie ein Garn, dann dick wie ein Tau. Auch bleiben sie nie gleich und verändern sich stetig. Weil wir uns weiterentwickeln und wachsen.

Die beste Art, herauszufinden,
ob du jemandem vertrauen kannst,
ist, ihm zu trauen.

_ Ernest Hemingway

Jemandem zu trauen heißt, die eigenen Unsicherheiten loszuwerden. Wir hören damit auf, das Verhalten einer anderen Person als eine Bedrohung anzusehen, und beginnen anzunehmen,
dass die Interaktionen mit diesen Personen künftig positiv ab-
laufen werden. Wir vertrauen darauf, dass sie nichts unterneh-
men werden, um uns wehzutun, und dass sie uns, wenn nötig,
eine helfende Hand reichen werden.

Forscher fanden heraus, dass das Hormon Oxytocin dafür verantwortlich ist, dass wir soziale Bindungen aufbauen und uns
unter anderen Menschen geborgen fühlen können. Oxytocin
wird unter anderem bei Berührungen in uns ausgeschüttet:
Händchen halten, kuscheln, Orgasmus. Deshalb wird es gerne
als Bindungshormon oder Kuschelhormon bezeichnet. Auch bei
einer Geburt und bei jeder sozialen Beziehung wird das Hormon
in uns frei, bei Freundschaften ebenso wie im Konzertsaal mit
Tausenden Menschen, die aus dem gleichen Impuls handeln.
Das Vertrauen wird stimuliert, wir können uns auf jemanden
verlassen.

Wir vertrauen, um Verbindungen zu schaffen. Haben wir zu
uns selbst keine gute Bindung, dann tun wir uns auch schwer
mit Beziehungen. Wir sind aufgefordert, das Urvertrauen wie-
derherzustellen. Und das ist in allen von uns. Wenn auch etwas
verschüttet. Wir müssen wieder lernen, uns anderen gegenüber

zu öffnen und zu akzeptieren, wer wir sind. Nur dann können wir uns selbst wiederfinden. Und nichts ist befriedigender im Leben als das. Gerade in schwierigen Zeiten müssen wir uns gegenseitig vertrauen. Das ist so lebenswichtig wie der Sauerstoff zum Atmen.

Reden verbindet Menschen und öffnet Türen.

Allzu oft wird nicht geredet und unangenehme Vorkommnisse werden vertuscht. Es wird geschwiegen. So verlief meine Kindheit. Das stärkt nicht gerade das Vertrauen. Vor allem, weil ich ständig in Unsicherheit war und mir Antworten selbst zusammenreimen musste, um Erklärungen zu finden. Da kann schon viel Blödsinn dabei rauskommen. Denn unser Gehirn ist da kreativ. Reden wurde für mich der Schlüssel zur Seele und der Schlüssel, um Urvertrauen zurückzugewinnen.

Eine gute Übung ist, sich anzuschauen, welche Entscheidungen wir in unserem Leben getroffen haben, die uns bereicherten. Welche Wege wir schon gegangen sind, bei denen wir zuerst dachten, die können wir nicht gehen oder die schaffen wir nie. Und dann haben wir es gemacht und festgestellt: Es geht.

ÜBUNG – VIELWEGGLAS

AUSRÜSTUNG:

- · 1 Glas mit Schraubverschluss
- · Papier bzw. bunte Zettel
- · 1 Stift

WEGWEISER:

1. Suche dir einen für dich inspirierenden Ort, wo du deine Gedanken fließen lassen kannst. Am See. Im Café. In einem Park.

2. Schreibe auf je einen Zettel: Welche Wege bist du schon gegangen, wo du vorher glaubtest, dass du sie nicht schaffst? Welche Träume hast du dir erfüllt, von denen du vorher dachtest, nicht mutig genug zu sein? Welche Entscheidungen hast du getroffen, die dein Leben bereichert haben? Sei es, eine Ausbildung zu machen, vom Fünf-Meter-Brett im Schwimmbad zu springen oder eine Präsentation im Job zu halten.

3. Falte die Zettel und stecke sie in dein Vielwegglas.

4. Wenn es dir einmal schlecht geht, du an dir zweifelst und gerade kein Vertrauen in dich findest, dann nimm die Zettel heraus. Breite sie vor dir aus und schau dir an, welche Wege du schon gegangen bist. Was du alles kannst und dich getraut hast. Welche guten Entscheidungen du getroffen hast.

Wir dürfen uns nicht unterkriegen lassen, wenn es einmal nicht so läuft, wie wir es gerne hätten. Das ist das Leben. Oft kommt von außen etwas daher, mit dem wir nicht gerechnet hatten. Wir verlieben uns. Ein Jobangebot. Die Traumwohnung. Oder auch ein Schicksalsschlag im negativen Sinn und unser Leben wird durcheinandergewürfelt. Wir werden aufgefordert, uns neu zu orientieren und neue Entscheidungen zu treffen. Daran zu wachsen. All diese Erfahrungen können unser Vertrauen stärken oder schwächen. Das liegt an uns und unserer Sichtweise.

Nimm die Erfahrungen im Leben als Geschenk an. Sei dankbar für alles, was du erleben darfst und was dich wachsen lässt.

Gerade als ich an diesem Buch schreibe, verliere ich so manches Mal das Vertrauen in mich. Dass ich es kann. Ein gutes und Mehrwert schaffendes Buch zu schreiben. Im Außen ist es turbulent. Corona-Lockdown. Hofübergabe in meiner Familie. Neue Wege finden als Selbstständige und Unterstützung meiner Schwester bei ihren privaten Themen. Ich komme immer mehr ins Zweifeln. Wo ich zu Beginn des Schreibens noch voll überzeugt war von meinem Vorhaben, konnte ich auf einmal nur Gründe finden, warum das alles nichts werden kann. Mein Vertrauen war weg. Spurlos verschwunden.

Ich wurde unsicher. Fing an, andere Bücher von Bestsellerautoren zu lesen. Mein Vertrauen rutschte in den Keller. Ich verglich mich mit Menschen, die seit 20 Jahren auf der Bühne standen oder zig Jahre in der Hirnforschung tätig sind. Das steigerte nicht gerade mein Selbstwertgefühl und ich fühlte mich noch kleiner.

Wieder ins Vertrauen zu finden, dass ich alles schaffen kann, weil alles in mir ist. Mir Tiefs erlauben zu dürfen, weil die ganz normal sind. Eine gewisse Zähigkeit zu brauchen, die ich definitiv habe. Das herauszufinden hat mich einiges an Zeit gekostet. Aber dann flossen wieder die Worte aufs Papier. Seite für Seite.

Als Kind vertrauen wir voll und ganz. Doch als Erwachsener verlieren wir schnell das Vertrauen. In uns. In andere.

Zerbrechen geht schnell. Wiederaufbauen dauert oft lange.

Mir standen Schweißtropfen auf der Stirn. Stand mit meinem Weggefährten Santiago auf einer staubigen Straße in Nuwaiba, einer ägyptischen Hafenstadt auf der Halbinsel Sinai. Auf einem Zettel ließen wir uns den Preis eines Fahrers nach Dahab aufschreiben. Er verlangte 100 Dollar. Wahnsinn. Ich lachte, schüttelte den Kopf. Ging zum nächsten. 50.

»Auf keinen Fall«, johlte ich. »Das ist viel zu teuer.«

Mit einem Mann mit weißem Turban einigten wir uns auf 400 Pfund. Das war viel für die Fahrt. Wir hatten keine andere Wahl. Es fuhr kein Bus. Wir wollten weiter.

Seine Kollegen hatten die Verhandlung mitgehört, schimpften nun auf ihn ein. Er schrie, sprang ins Auto und fuhr mit offenem Kofferraumdeckel davon. Wir standen da. Ohne Fahrer.

Ich schaute Santiago an. »Und jetzt?« »Ich weiß nicht«, sagte Santiago. »Cool. Ein Laden, wo ich eine SIM-Karte kaufen kann.« Schon rannte er über die Straße.

Ich legte meinen Rucksack auf den Gehsteig, zupfte an meinem Shirt in der Hoffnung meinen Bauch zu kühlen.

Ich nahm an, was gerade passierte. Bewertete nicht. Stand wie so oft da und dachte mir, dass es für alles einen Grund gab. Sollte wohl nicht sein. Auch gut.

Oft war blöd schauen, nichts tun, das Beste. Das machte ich jetzt

Einige Minuten später kam der Taxifahrer von vorhin wieder angefahren. Stieg aus, machte den Laderaum auf, wollte meinen Rucksack nehmen. Ich stoppte ihn, schrieb auf den Zettel den Gesamtpreis, den wir zu zahlen bereit waren, und zeigte ihm die Zahl mit dem Währungszeichen Pfund. Er nickte. Ich schaute mich nach Santiago um, während er mein Gepäck einlud.

Genau das verstand ich unter Vertrauen. Wenn ich meinen Fokus nicht änderte, mich nicht anders entschied, dann brauchte ich nur Geduld. Die hatte ich. Dann kam alles zu mir, wie ich es wollte. Einfach abwarten. Dabei bleiben.

Santiago schlenderte über die Straße. »Was ist los?«, rief er.

»Er fährt uns.« Ich grinste ihn an. »Zu unserem Preis.« Öffnete ihm die Tür. Sie quietschte. »Bitte einsteigen.«

Wir nehmen uns oft selbst unser Vertrauen, weil wir nicht geduldig genug sind. Wir wollen alles gleich haben. Sofort. Gewisse Dinge brauchen aber Zeit. Ein Buch schreibt sich nicht von heute auf morgen. Das ist ein längerfristiges Projekt. Wenn wir zu früh aufgeben, kommen wir schnell in einen Abwertungsstrudel und vertrauen uns immer weniger. Schauen wir unseren Hirngespinsten gelassen entgegen, nehmen sie an und machen dann wieder weiter, dann stärken wir unser Vertrauen und wir werden mutiger. Auch treffen wir risikofreudigere Entscheidungen und unser Selbstvertrauen wächst wie eine schöne Blume in den Himmel empor.

GLAUBE AN DICH

Glaube

Viel zu oft haben wir an uns selbst hohe Erwartungen. Dann haben wir das auch an andere Menschen. Wir gehen davon aus, dass sie die gleichen Ansprüche haben wie wir, und sind enttäuscht, wenn das Erwartete nicht eintrifft.

Gerade in Partnerschaften erwarten wir vom Gegenüber sehr viel. Dass der Partner uns glücklich macht, indem er tut, was wir wollen, weil wir genau das als richtig empfinden. Wir machen den anderen verantwortlich für unsere Gefühle, wenn wir wütend, eifersüchtig oder verletzt sind. Wir versuchen den Partner zu verändern. Wollen ihn anders haben. Am besten so, wie wir selbst sind. Er soll die gleiche Meinung haben, das gleiche Verhalten zeigen und nach unserem Weltbild handeln. Suchen wir in Paarbeziehungen nach unserem Zwilling? Einem Abbild von uns selbst? Das wird uns nie gelingen. Sind wir doch alle einzigartig und jeder trägt einen anders bepackten Rucksack mit sich. Aber wir können uns ergänzen, gemeinsames Wachstum anstreben und Wegbegleiter für eine gewisse Zeit werden.

Bruce H. Lipton, Zellbiologe und Pionier der Epigenetik, sieht in einer Beziehung zwischen zwei Menschen vier verschiedene Arten von Bewusstseinsebenen oder Geistesverfassungen. Zwei bewusste und zwei unterbewusste. Gerade die Programme des Unterbewusstseins wurden durch die Beobachtung und das Abspeichern des Verhaltens von anderen Menschen – meist die Eltern, nahe Angehörige und die Gemeinschaft – erschaffen.

So gesehen hat jeder einen eigenen Glauben, der auf seinem menschlichen Geist – auf Denken, Wahrnehmung, Stimmung, Erinnerung etc. – beruht. Glaube hat nicht ausschließlich etwas mit Religionen zu tun. Wenn auch jede Glaubensgemeinschaft ihren Glauben an Gott unterschiedlich ausdrückt. Letztlich ist alles eins, kommt aus einer Quelle und hat einen Ursprung.

In meinem Leben fühlte ich mich sehr oft sehr einsam und alleine. Schon als Kind und dann im Businessleben. Wenn ich auch ständig unter Menschen war. Obwohl ich mich anpasste, um dazuzugehören, fühlte ich mich oft nicht als Teil der Gruppe. Erst als ich die Verbundenheit zum Universum, zum höheren Selbst, kennenlernte und seitdem diese einzigartige Bindung spüre, fühle ich mich selten kontaktlos. Klar kann es nach wie vor vorkommen, dass ich die Verbindung verliere, dann tauchen wieder Zweifel auf und ich fühle mich für einen Augenblick einsam, doch das kommt kaum noch vor. Schnell habe ich wieder die Verbindung und meinen Glauben.

Es war 17 Uhr. Ich erreichte Kapernaum – die Stadt, wo Jesus die meiste Zeit gelebt und Wunder vollbracht hatte. Kam zu spät. Die Tore zur Ausgrabung waren schon seit einer Stunde geschlossen. Ich presste meinen Kopf an die Gitterstäbe, versuchte irgendwas zu erhaschen.

Meine Schultern schmerzten, meine Oberschenkel krampften. Ich legte meinen Rucksack auf die Straße, setzte mich

drauf. Das hast du gut gemacht, Andrea. Gratuliere. Was
jetzt? fragte ich mich.

Ich schaute auf meine Karte. Mein Ziel hatte ich erreicht,
aber ich fühlte mich leer. Vermisste meine Familie. Meine
Schwestern. Ich war weit weg von daheim, um meinen
Traum zu leben. Saß da, starrte auf den Parkplatz. Hatte
auf einmal Heimweh. Ich schniefte. Konnte mich gerade
überhaupt nicht über meinen Sieg freuen. Wünschte mir,
aufgenommen zu werden in einer liebevollen Familie. Damit ich nicht allein war. Fühlte mich gerade gar nicht verbunden. Einsam. Verlassen.

Nach einer Ewigkeit des Grübelns nahm ich mein Telefon
zur Hand. Sah einen Wasserfall am See eingezeichnet. Kaltes, klares Wasser. Das würde mir guttun. Damit ich wieder
klar denken konnte.

Ein Lieferwagen kam auf den Parkplatz gefahren. »Hey,
soll ich dich mitnehmen?«, rief ein Typ aus dem Fenster.

Ich war müde. Alles tat mir weh. Aber ich kannte jetzt immerhin mein Ziel. Ich stemmte meinen Rucksack hoch, biss
meine Zähne zusammen und schlurfte zur Beifahrertür.

»Wohin fährst du? Ich will zum Wasserfall. Nicht weit von
hier. Einen Kilometer.«

»Steig ein. Ich fahre dich hin.« Er öffnete mir die Tür.

Ich schmiss meinen Rucksack rein, ließ mich auf den Sitz plumpsen. Angenehm. Nicht gehen müssen.

»Ich zeige dir einen schöneren Badeplatz.« Er musterte mich. Bog nach rechts ab.

»Dreh um! Bring mich zum Wasserfall oder lass mich sofort aussteigen.« Ich schaute ihm direkt in die Augen. Packte meinen Rucksack und wollte die Tür aufmachen.

»Alles gut.« Er kehrte um. Ohne Worte trat er aufs Gas.

Ich spürte die Anspannung in meinem Körper. Mein Gesicht war ernst.

»Stopp.« Ich stieg aus, schmiss die Tür zu, überquerte die Straße.

»Was war das, du dumme Kuh? Kannst du nicht aufpassen? Das hätte gefährlich werden können«, brüllte mich Kleopatra an. Ihr Kopf rot wie eine Tomate.

Ich trottete den Steig runter zum Wasserfall. Schreie von Kindern hallten mir entgegen. Sie badeten, vergnügten sich. Mir war's zu laut. Zu hektisch. War aber froh, dass ich nicht allein war. So was Blödes. Steige einfach ohne viel nachdenken in ein fremdes Auto ein. Ohne den Typen vorher anzuschauen. Ich war verloren in meiner Gedankenwelt.

»Das hätte nicht passieren dürfen«, hallte Kleopatras Stimme wie ein Echo nach.

Ich zog meine Schuhe aus und watete im Bach vom Wasserfall zum See. Dort planschten viele Jugendliche. Es war ruhiger. Die Mädchen badeten mit ihren Gewändern. Ich schlüpfte in meinen Bikini, kam mir nackt vor und zog mir das verschwitzte Shirt zum Schwimmen an. Musste ohnehin gewaschen werden.

Ich schwamm raus, tauchte drei Mal unter. Ließ die Begegnung los.

»Alles ist gut gegangen. Kein Grund zur Sorge. Du warst einen Moment abwesend«, sagte ich mir und drückte meinen Anhänger. »Nicht drüber nachdenken. Wir hatten alles unter Kontrolle. Nichts passiert. Alles gut, Andrea.«

Ich setzte mich auf einen Stein, trocknete mich ab. Meine Füße schmerzten. Ich hatte mein Ziel erreicht. YAHOOO. Das klang etwas getrübt. Ich klopfte mir dennoch auf die Schulter. »Das haben wir gut gemacht«, sagte ich mir und versuchte mich abzulenken. »Können echt stolz auf uns sein. Jeder Verlockung haben wir den Rücken gekehrt. Wir sind ein Traumpaar. Du und ich.« Ich warf einen Stein ins Wasser. Schaute den Wellen zu. »Nicht wahr, Kleo?«

Ich lauschte. Stille in mir.

»Dann halt nicht.« Ich schmiss einen größeren Stein ins Wasser. PFLATSCH.

Ein älteres Pärchen kam an den See. Sie im Bikini. Das war ungewöhnlich. Ich schaute den beiden beim Schwimmen zu und überlegte, was ich machen sollte. Hier waren nur Steine und kein Platz zum Schlafen. Außerdem wusste der Typ, der mich mitgenommen hatte, wo ich war. Mich fröstelte.

Die beiden kamen aus dem Wasser, nahmen ihre Handtücher. Ich ließ meinen Rucksack liegen. Lief zu den beiden.

»Hi!«, rief ich. »Hi.« Sie drehte sich um, blieb stehen. Ich winkte.

«Seid ihr von hier?« Ich strich mir durch mein nasses Haar.

»Ja. Wir wohnen hier oben.« Sie deutete mit der Hand auf den Hügel hinter dem See.

»Ich bin gerade angekommen. Bin den Jesus-Trail gepilgert. Weiß noch nicht, wo ich heute schlafen kann. Kennt ihr hier eine Unterkunft?«

»Komm mit. Kannst bei uns bleiben«, sagte sie und wickelte ihr Tuch um ihren Arm. »Komm.«

»Oh. Ja. Gerne.« Ich strahlte, holte meinen Rucksack und folgte ihr.

Der Glaube ist mächtig und kann Berge versetzen oder uns krankmachen. Verlieren wir den Glauben an uns selbst, gerade in Zeiten einer Krise, dann haben wir nichts, woran wir uns festhalten können, was uns Hoffnung schenkt und mit Sinn erfüllt. Dann kann es sein, dass wir die Bodenhaftung verlieren und orientierungslos sind. Glauben wir aber an Gott, an etwas

Größeres, dann fühlen wir uns verbunden. Wir wissen, dass Tiefs zum Leben dazugehören. Und wir wissen auch, dass wir selbst entscheiden können, wie weit wir ins Kellergeschoss hinunterfahren wollen. Dann stoppen. Um wieder ins Sonnenlicht zu fahren.

Menschen glauben an die unterschiedlichsten Dinge. Ich hatte einen Weggefährten auf La Gomera, der mir von seinen Alien-Begegnungen erzählte. Ich bin generell sehr offen und neugierig. Versuche ohne großartige Erwartungen und Bewertungen durchs Leben zu gehen. Er erzählte seine Stories mit den Außerirdischen mit solchen Emotionen, dass es mir im ersten Moment schwerfiel, ihm nicht zu glauben. Erst später, als ich das Gespräch reflektierte, kamen mir Zweifel und ich glaubte Unstimmigkeiten zu erkennen. Tat es als verrückt und unwahr ab.
Wenn wir mit einem Thema noch so gar keine Berührungspunkte hatten, kann uns das leicht überfordern und wir schrecken zurück. Tun es schnell einmal als Unsinn oder Lüge ab, um das Weltbild, das wir konstruiert haben, aufrechtzuerhalten.

Illusionen basieren auf verschiedenen Sinneseindrücken, die mit kognitiven Annahmen in Widerspruch geraten. Der kanadische Neurowissenschaftler Michael Persinger hat im Verlauf von zwei Jahrzehnten mehr als 1000 Versuchspersonen mit speziell modulierten schwachen Magnetfeldern stimuliert. Die Testpersonen berichteten von seltsamen Empfindungen, die sie häufig als übernatürlich interpretierten: Der eigene Körper schwebte, sie hörten innere Stimmen, vernahmen Instruktionen oder spürten eine geisterhafte Person neben sich, oft als Gott oder Schutzengel gedeutet.

In Meditationen lösen sich die Ich-Welt-Grenzen auf und das Raum-Zeit-Empfinden verschwindet. Ein Gefühl der Ewigkeit, Endlosigkeit und des Seins in etwas Größerem, Umfassenderem, kann entstehen. Über solch ein Einheitsgefühl mit der Welt berichten Mystiker aller Kulturen, Tao, Nirwana, Brahman-Atman. Diese Erfahrungen werden unterschiedlich interpretiert. Als Eingehen ins Nichts oder ins All, als eine Leere oder Verschmelzung mit dem Universum oder kosmischen Bewusstsein.

Haben wir unsere Erfahrungen gemacht und glauben wir daran, dann wird es zu unserem neuen Weltbild.

Als ich in Israel am Jesus-Trail unterwegs war, traf ich auf Agneta. Ihr war das Wasser ausgegangen und sie lehnte erschöpft an einem Stamm. Ich teilte mein Wasser mit ihr und wir machten uns gemeinsam auf den Weg ins Dorf. Als uns beiden schon die Zunge im Hals kleben blieb, weil die Wasserflasche leer war, fiel mir eine Übung ein, die mir mein Tai-Chi-Lehrer gezeigt hatte.

ÜBUNG – ZUNGENKREISEN

Kreise mit deiner Zunge an der Vorderseite deiner Zähne 21 Mal in dieselbe Richtung. So produzierst du Speichel. Schlucke. Dann ändere die Richtung und kreise 21 Mal in die andere Richtung. Du lenkst den Fokus weg von: Ich habe solchen Durst, ich könnte jetzt sterben, wie konnte ich nur so wenig Wasser mitnehmen, hin zur Entspannung.

Agneta glaubte daran, probierte es aus und hatte Erfolg. Wir gelangten zur Straße hinauf, wo uns ihr Mann Mikel mit Wasser entgegenkam. Gerettet.

Meist tun wir uns schwer etwas zu glauben, wenn wir selbst noch keine Erfahrungen damit gemacht haben. Warum glauben wir nicht, was uns nicht passiert? Weil wir an Überzeugungen festhalten und uns schwertun, unliebsame Tatsachen in unser Weltbild zu integrieren. Das zeigte eine Studie um Jonas Kaplan von der University of Southern California in Los Angeles, die neuronale Grundlagen dieser Abwehrreaktionen untersuchte. Teilnehmer lagen im Hirnscanner und lasen Gegenargumente zu politischen Statements, denen sie davor überzeugt zugestimmt hatten. Je stärker beim Lesen der Gegenargumente die Amygdala aktiv war, desto weniger änderten sie ihre Meinung. Das Angstzentrum im Gehirn ist immer beteiligt, wenn wir Gegebenheiten emotional bewerten. Die Forscher schlussfolgerten, dass es zu einem gewissen Grad keinen Unterschied für das Gehirn macht, ob wir körperlich bedroht werden oder unsere Identität bedroht wird.

> *Die größte Freiheit: Inmitten von Unentspanntheit,*
> *von Schwierigkeiten noch gelassen und offen zu bleiben –*
> *ohne unnötig gegen die Realität anzurennen oder vor ihr*
> *davonzulaufen. In Achtsamkeit steckt eine Lebensweisheit.*
>
> _ Unbekannt

Wenn ich in den Bergen wandern bin, nehme ich selten Wanderstöcke mit. Manchmal wären sie mir dienlich. Ja. Meist aber stören sie mich und ich würde sie ohnehin nur im Rucksack mittragen. Aber mit meinem Glauben, dass ich mir Wanderstöcke jederzeit imaginieren kann, brauche ich sie physisch gar nicht mehr. Ich habe sie in meiner Vorstellung überall mit dabei und sie waren mir schon oft eine große Hilfe.

ÜBUNG – IMAGINIERTE WANDERSTÖCKE

1. Lasse deine beiden Arme seitlich nach unten hängen und drehe deine Hände so, dass deine Handflächen zum Boden schauen.

2. Stelle dir vor, dass unter jeder deiner Hände ein Ball ist. So groß wie die Hüpfbälle aus der Kindheit. Gib den beiden Bällen eine Farbe. Rot. Blau. Grün. Gelb. Wie fühlen sie sich an? Hart oder weich? Glatt oder rau.

3. Drücke leicht nach unten, spüre, wie die Bälle etwas nachgeben. Geh los und denke beim Gehen daran, dass unter deinen Händen zwei große Bälle sind. Sie sind wie deine Wanderstöcke. Federn ab und lassen dich sicher unterwegs sein.

Für Menschen, die diese imaginierten Wanderstöcke nicht sehen können, mag es seltsam erscheinen, wenn du mit den Handflächen nach unten den Wanderweg entlang kommst. Aber was macht das schon. Wenn du daran glaubst, können sie wahre Wunder bewirken und sind gute Begleiter in schwierigen Situationen. Sofern du daran denkst, dass du sie mit dabeihast.

Hinweis: Haben wir kalte Hände, dann sind wir oft zu abgelenkt, um an die imaginierten Wanderstöcke zu denken. Die Aufmerksamkeit ist nicht bei den Bällen, sondern bei den kalten Händen.

Da hilft: Hände wärmen, wohlfühlen und entspannen, weiter dran glauben und üben, üben, üben.

VIERTER TEIL

LACHE & GEHE LOS

Geben

Wo ein Begeisterter steht, ist der Gipfel der Welt.

Joseph von Eichendorff

Ich schlenderte durch eine Gasse in einem Dorf im Sudan.
Kam zu einer offenen Tür. Kinder saßen zusammenge-
drängt mit dem Rücken zu mir. Eine Lehrerin stand vorne,
sprach. Sie winkte mir zu. Ich blieb stehen. Viele leuchtende
Kinderaugen schauten mich an. Ein Konzert aus »Woahs«
ertönte. Die Kinder rutschten auf ihren Sitzen hin und her.
Die Lehrerin winkte mich heran. Ich ging ins Klassenzim-
mer.

»Wie heißt du? Woher kommst du?«, kreischten die Kinder.
Alle auf einmal. Durcheinander. Ich war sprachlos. Die
Lehrerin nahm mich an der Schulter und wir gingen in den
Innenhof.

Sie lachte, freute sich über mein Erscheinen und stellte
mich der Frau des Schuldirektors vor.

»Willkommen in unserer Schule«, sagte Wafaa. »Setz dich.«
Sie legte einige Fladenbrote aufs Tablett, dann prasselten
die üblichen Fragen auf mich ein: Woher kommst du?
Wie heißt du? Was machst du? Ich nahm Platz auf einer

Schulbank. Antwortete. Kinder schrien im Pausenhof und schauten neugierig beim Fenster herein. Winkten. »Wie heißt du?«, riefen sie.

Wafaa ging zur Tür, verscheuchte sie. »Sie haben so eine Freude«, sagte sie zu mir. »Sind ganz aus dem Häuschen.« Lachte. »Nimm dir zu essen.« Sie zeigte auf den gedeckten Tisch.

Nach dem Essen durfte ich mit in den Englischunterricht kommen. Saß vorne auf einem Stuhl neben der Lehrerin und las aus einem Buch vor. Es war für mich eine neue Erfahrung, dass mich so viele Augen anhimmelten. Zu Beginn war ich angespannt, dann gefiel es mir. War mit Begeisterung dabei.

In der Pause blieb ich im Hof. Die Kinder umringten mich. Ich schüttelte ihre Hände und versuchte, jedem Kind eine Antwort auf seine Fragen zu geben, wenn ich auch ständig das Gleiche sagte: Mein Name ist Andrea. Ich komme aus Österreich.

Was mich in arabischen Ländern am meisten fasziniert, ist die Herzlichkeit und Offenheit der Menschen. Sie vertrauen. Sie geben. Ohne etwas zu erwarten. Das ist für sie selbstverständlich wie die Luft zum Atmen. Klar gibt es auch Menschen, die diese Willkommenskultur nicht leben. Wir sind eben nicht alle gleich. Jeder von uns wandert mit einem individuell bepackten Rucksack durchs Leben. Doch die meisten Einheimischen haben mich mit offenen Armen empfangen und in ihre Familien aufgenommen.

Geben wir aus dem Herzen, dann macht es uns reich. Beschenkt uns mit Glücksgefühlen. Zufriedenheit. Lebensfreude. Andere Menschen happy zu sehen, wenn wir etwas Gutes tun, erfüllt uns. Gibt uns einen Sinn im Leben und eine Bestätigung für unser Dasein. »Glück vermehrt sich, wenn man es teilt«, heißt es. Dazu reichen schon kleine Dinge im Alltag. Lächle eine fremde Person an oder lasse jemandem den Vortritt bei der Rolltreppe. Schaue, was zurückkommt, und fühle in dich hinein, was es mit dir macht.

Jeder Gedanke ist Energie und löst Gefühle in uns aus. Was uns wiederum ins Handeln bringt. Leben wir den positiven Austausch, bringt uns das Leben oft zum Lachen und wir strahlen von innen heraus. Die Außenwelt kann uns nicht mehr erschüttern. Veränderungen nehmen wir gelassen entgegen und wir sehen das Schicksal als Lernaufgabe. Wachstum. Heilung.

Geben wir aus einer inneren Überzeugung und nicht, weil wir von externen Faktoren wie Anerkennung, Aufmerksamkeit, Geltungsdrang abhängig sind, dann leben wir das Gesetz des Gebens. Unser Verhalten passt zu unserem Denken und Handeln. Wir säen Samen. Machen wir das jeden Tag, dann können wir in Zukunft viele Früchte ernten. Denn wir stehen im Dienst an etwas, das größer ist als wir.

Es macht einen Unterschied, ob wir Geld spenden, weil wir den Menschen helfen wollen, oder ob wir es tun, weil wir nach Anerkennung suchen. Interessant ist, was hinter unserem Tun steckt. Hinter unseren Entscheidungen und Verhalten.

Gerade bei großen Konzernen sehe ich in Hilfsaktionen oft, dass sie ihr schlechtes Gewissen reinwaschen wollen. Auf der einen Seite tun sie Dinge, die den Menschen oder der Natur schaden, und auf der anderen Seite kaufen sie sich mit Geld an Hilfsorganisationen frei.

Um mit der Ungerechtigkeit auf der Welt Frieden zu finden, stelle ich mir das Leben als einen Fluss vor. Alles fließt. Ständig. Und wir haben die Wahl: Fließen wir bewusst mit, treffen wir Entscheidungen und lenken wir unser Leben und nehmen unser Schicksal selbst in die Hand, oder lassen wir uns mittreiben und tun das, was uns vorgegeben wird. Was uns auf lange Sicht krankmachen kann und uns unseren 86. Geburtstag bestimmt nicht in Fülle, Freude und Friede feiern lässt.

Rückblickend ist unser Leben nicht ein einziges, ganzes, großes Bild. Nein. Es sind vielmehr unzählige einzelne Puzzleteile und sie spiegeln unsere Hochs und Tiefs. Wie wir damit umgegangen sind. Was wir daraus gelernt haben. Was wir von unseren gesammelten Erfahrungen an die Menschheit weitergegeben haben.

Ein ständiges Lernen. Geben. Service.

Es soll das Ziel eines jeden Menschen sein, dass wir uns für etwas einsetzen, das uns als Gesamtheit dient. Dass wir unsere Umgebung besser zurücklassen, als wir sie vorgefunden haben. Wir müssen verstehen, dass wir erst geben können, wenn wir uns auf einer Mikroebene selbst die Liebe und Wertschätzung gegeben haben. Das hat nichts mit Egoismus zu tun, sondern mit Selbstliebe. Denn erst wenn wir gut zu uns sind, können wir für andere da sein. Ihnen das geben, was sie weiterbringt. Dass sie wachsen und gedeihen können und damit sie wiederum diesen Service an andere Menschen weitergeben können.

SPRING IN DIE LUFT

Sein

Gerade Frauen geben oft zu viel. Sie nehmen sich wenig Zeit für sich selbst. Für ihre Wünsche, Bedürfnisse und Sehnsüchte. Von Kind auf sehen Frauen bei ihren Müttern, dass sie geben müssen. Zuerst alle anderen versorgen, dann kommen irgendwann sie dran. Falls noch Zeit ist.

Die Natur gibt das Geben an die Kinder vor. Die Frauen haben sie zu füttern und ihre Windeln zu wechseln. Zu liefern, was die Säuglinge fordern. Damit sie wachsen und gedeihen können. Klar geben sie etwas zurück. In Form von Energie. Ein Lächeln. Kichern. Glucksen.

Wir können gar nicht anders, als zu geben. Wie sonst könnten unsere Kinder groß und stark werden, wenn Frauen nicht bedingungslos geben und lieben würden? Viele Frauen übersehen aber, dass wir uns auch um uns selbst kümmern müssen. Klarstellen möchte ich, dass es auch genug Männer gibt, die sich genauso aufopfern und hinten anstellen.

Nur wenn es uns gut geht, kann es auch allen anderen gut gehen.

In meinem Bekanntenkreis sehe ich oft, dass sich die Frauen aufopfern. Sie sorgen sich um den gesamten Haushalt, die Familie und gehen auch noch arbeiten. Sie sind wahre Multitalente. Zeit für sie selbst bleibt da meist keine mehr. Der Tag hat halt nur 24 Stunden. Und nehmen sie sich einmal eine Auszeit, dann wird vorgedacht, vorbereitet und vorgekocht. Oft haben sie trotzdem noch ein schlechtes Gewissen, wenn sie dann weg sind und auf sich schauen. Etwas tun, was Freude macht und Glücksgefühle beschert.

Auch ich habe in meiner Familie nie gesehen, dass Frauen auf sich selbst schauen dürfen. Sie hatten zu funktionieren. So habe ich auch viele Jahre getan, gemacht und geschuftet. Ohne auf mich Rücksicht zu nehmen. Zuerst alles andere und alle anderen, dann lange nichts, dann ich. Ich stellte mich auf die letzte Stufe. Nicht ohne Grund war ich oft krank und mein Immunsystem schaffte das nicht mehr. Ich nahm mir keine Zeit, um zu entspannen. Das Leben zu genießen. Einfach nur zu sein.

Ein weiser Lehrer auf meinem Weg sagte mir: »Es ist traurig, dass die meisten Menschen auf der Welt von klein auf gleich ins Tun kommen und oft gar nicht wissen, was sie tun und warum sie es tun. Das Sein ist das, was gelehrt werden sollte. Im Sein entsteht die Kraft fürs Tun.«

Ich unterscheide zwischen Tun und Sein. Eine klare Abgrenzung gibt es da nicht wirklich. Die darf jeder für sich selbst finden. Ich bin im Sein, wenn ich wandern gehe oder eine Ausbildung mache. Wenn ich etwas arbeite, das mir keinen Spaß macht, dann bin ich im Tun. Gefühlt verliere ich da Energie. Im Sein tanke ich auf. Da ich ein sehr aktiver Mensch bin und mich gerne bewege, muss ich nicht unbedingt nur am Strand in der Sonne liegen, um im Sein zu sein. Was gibt Kraft? Was nimmt Kraft?

Auch hier fühle ich mich am zufriedensten, wenn ich die Balance halten kann. Zu viel im Sein, macht mich ebenso wenig glücklich wie zu viel im Tun. Deshalb sehe ich es als große Herausforderung im Leben, einen Weg zu gehen, bei dem die Gedanken und Gefühle übereinstimmen. Korrelieren. Dann kommt es auch in unser Leben. Erfüllt uns, macht uns zufrieden und glücklich. Im Tun. Im Sein.

Was macht nun für dich den Unterschied zwischen Tun und Sein aus?

ÜBUNG – TUN UND SEIN

Nimm dir einen Zettel und falte ihn in der Mitte. In eine Spalte schreibst du TUN in die andere Spalte SEIN. Schreibe auf, was du die vorige Woche alles gemacht hast. Für dich. Für andere.

Manchmal ist die Zuordnung nicht einfach. Wir tun etwas, aber es fühlt sich nicht nach Arbeit an. Das ist überhaupt eines der schönsten Gefühle: im Flow zu sein. Unser Tun als Sein empfinden. Erlaube dir nach deinem Gefühl einzuteilen. Fühlt es sich stimmig an? Ist die Liste ausgeglichen? JA – dann klopfe dir auf deine Schulter. NEIN – überlege, was du an Arbeiten abgeben oder was du Gutes für dich tun kannst.

Seit ich mehr im Sein lebe, bin ich zufriedener. Erfüllter. Glücklicher. Ich brauche nicht mehr so viele materielle Dinge. Konsumiere wenig in der Außenwelt, weil ich mit meiner Innenwelt happy bin. Weniger ist mehr. Um das zu verstehen, musste ich in meinem Leben einen langen Weg gehen, denn gelernt habe ich das Sein nicht in der Schule. Ist auch ganz klar. Die Wirtschaft braucht Menschen, die sich aufopfern und die rennen. Ihr Leben geben. Menschen, die viel meditieren oder mit wenig Hab und Gut auskommen, beleben die Wirtschaft, die auf Geld und Macht aufgebaut ist, nicht. Sie kaufen nicht so viel. Haben ihren inneren Reichtum erkannt und leben ein gütigeres Leben.

Ich habe die Seite an mir kennengelernt, die nach Geld und Macht strebte. Damals habe ich mir nicht erlaubt, viel im Sein zu leben. Ja nicht zur Ruhe kommen und abschalten. Und dann habe ich die Seite an mir erlebt, die nur im Sein war. Als ich mich treiben ließ und eineinhalb Jahre nur reiste. Und auf mein Gefühl hörte. Kein Müssen, nur noch Dürfen. Von einem Extrem ins andere.

Nach meiner Erfahrung kann ich sagen, dass ein Mittelweg zwischen Tun und Sein der glücklichere Weg ist. Hast du dir schon einmal überlegt, dass du deine Stunden in der Firma reduzierst, um etwas mehr Freizeit zu haben? Oder, wenn du selbstständig bist, jemanden für die Tätigkeiten einstellst, die deine Zeit fressen? Gibt es Ämter in Vereinen, die du zurücklegen kannst? Sonstige Verpflichtungen, die du abgeben kannst? Oft sind es kleine Dinge, die ein Mehr an Freiheit bringen. Somit auch Leichtigkeit und Lebensfreude.

Wirf einen Blick auf deine Lebensrollen (Übung Seite 147). Was dient dir nicht mehr? Wenn Altes geht, kann Neues in dein Leben kommen. Es bleibt mehr Zeit für dich oder Dinge, die dir Energie geben, statt sie dir zu nehmen. Sein.

Wolf Singer, der renommierte deutsche Neurowissenschaftler und ehemalige Direktor der Abteilung für Neurophysiologie am Max-Planck-Institut für Hirnforschung in Frankfurt am Main, hat ein Gefühl des In-der-Welt-Seins durch die Praxis von Meditationen und des In-sich-Hineinhörens erforscht und wissenschaftlich in seinen Büchern belegt.

Gerade Menschen, die die Aufmerksamkeit und Anerkennung von anderen im Außen brauchen, packen gerne zu viel in ihren Rucksack ein. Oft haben sie es als Kind nicht anders gesehen und es ist ihnen vertraut. Sie brauchen die Energie. Können schwer NEIN sagen, weil sie das Gebrauchtwerden nährt. Werden sie nicht benötigt, kommt schnell ein Gefühl auf, nicht gut genug und daher nicht geliebt zu sein. Oft bemühen sie sich dann noch mehr. Bis zur völligen Aufopferung. Ohnmacht.
Kennst du auch solche Menschen in deinem Umfeld? Mir tut es oft weh, wenn ich sehe, wie diese Menschen alles für andere tun. Sich oft ausnehmen lassen, um die ersehnte Liebe zu bekommen. Doch niemandem kann geholfen werden, der sich nicht helfen lassen möchte. Wir können nur mit gutem Beispiel vorangehen und uns öffnen. So leben, wie es uns guttut, und mit unserem Handeln unsere Wahrheit verbreiten. Sind diese Menschen irgendwann bereit, dann können sie unserem Weg folgen. Aus unseren Erfahrungen lernen, um mehr ins Sein zu kommen.

Die Macht des Nachahmens, der Imitation, um von anderen zu lernen, ist ein Thema, das ein Wissenschaftlerteam vom Max-Planck-Institut für evolutionäre Anthropologie in Leipzig an Kindern untersucht hat. Kleinkinder vertrauen Erwachsenen und ahmen sie nach und helfen den Erwachsenen, denen sie vertrauen. Die Ergebnisse zeigen, dass wir beeinflusst werden von den Vorlieben und Meinungen anderer Menschen. Auch Erwachsene kopieren regelmäßig und automatisch den Bewegungsablauf, die Haltung und den Gesichtsausdruck anderer Menschen, um gute Beziehungen herzustellen und den Zusammenhalt in sozialen Gruppen zu stärken.

Wir lernen alle voneinander. Sind Lehrer und Schüler zugleich.

Das Gesetz der Ursache und Wirkung besagt, dass alle unsere Handlungen und Gedanken Konsequenzen haben. Für uns. Für unser Umfeld – Menschen, Tiere oder Dinge.

Gute Handlungen ziehen gute Konsequenzen nach sich.

Was wir geben, ist das, was wir erhalten werden.

Wo die eigene Grenze des Gebens endet, kannst du nur selbst für dich herausfinden. Indem du in dich hineinspürst und fühlst, wann es dir nicht mehr gut dabei geht. Ein Gefühl des Erschöpftseins hast. Leer bist.

Ich ziehe mich dann gerne zurück in mein Zuhause oder gehe raus in die Natur. Lasse die Gedanken an andere los (siehe Übungen Seite 102 und 119), mache die Atem- oder Gehmeditation (Seite 46 und 167). Einfach wieder ankommen im Hier und Jetzt. Aufladen. Verwurzeln.

Berufs- und Privatleben zu vereinbaren, die sogenannte Work-Life-Balance zu leben, ist in der Praxis alles andere als einfach. Für mich bedeutet es, dass getrennt wird: Arbeit hier und Leben dort. Dadurch entsteht eine Abspaltung, als ob der Mensch am Arbeitsplatz unfrei wäre und sich das tatsächliche Leben erst in der arbeitsfreien Zeit abspielte. Was ist, wenn du deinen Traumjob findest und die beiden Gebiete verschmelzen und eins werden? Eine Romanze entsteht und eine Einheit wird gelebt.

Je öfter wir in guter Stimmung sind, desto mehr stärken wir das Glückszentrum in unserem Gehirn. Da gibt es keine Trennung zwischen Beruf und Privatleben. Wir sind Personen, die den ganzen Tag denken und fühlen. Geht es uns im Job nicht gut, dann nehmen wir das Gefühl unweigerlich mit nach Hause. Ist die Liebe zur Arbeit nicht mehr vorhanden, dann sollten wir überlegen, einen neuen Weg einzuschlagen. Denn es geht um uns. Unsere Gesundheit. Unser Leben.

Vielleicht kennst du den Wunsch, einfach abzuhauen und alles hinter dir zu lassen. Gerade in schwierigen Situationen. Weiß Gott, wie oft ich mir das in meinem Leben schon vorgestellt habe. In den buntesten Farben habe ich mir den neuen Ort ausgemalt, an dem alles besser sein würde. Wenn ich allerdings gedanklich dort ankam, stellte ich dummerweise aufs Neue fest, dass sich dadurch wenig verändert hatte. Die Konflikte im Kopf waren noch da und mit mir hierhergereist. Alles schien noch komplizierter.

Eins ist gewiss: Wegrennen funktioniert nicht. Das habe ich schon oft versucht. Einmal habe ich meinen Rucksack gepackt und bin übers Höllengebirge gewandert. Ich hatte nichts geplant, da mir alles egal war. Dabei fühlte ich mich, als wäre ich in der Hölle. Das war inmitten des Trennungsprozesses von meinem damaligen Lebenspartner.

Egal wohin du gehst, dein Kopf ist mit dir und somit auch deine Probleme.

Diesen Spruch sage ich mir jedes Mal, wenn wieder das Gefühl aufkommt, dass ich abhauen möchte. Irgendwo anders hin. Hauptsache weg.

Was wir viel zu oft vergessen: Unsere Probleme werden von uns geschaffen und entstehen immer nur in unserem Inneren, niemals im Außen. Abhauen bringt daher nichts. Auch wenn die Lage noch so unerträglich scheint. Was hilft, ist: Übernimm die Verantwortung für dein Leben, dein Schicksal und dein persönliches Glück.

Um in schwierigen Situationen eine gute Entscheidung zu treffen, kann gedanklich folgendes Dreieck durchlaufen werden:

LOVE IT – LIEBE ES

Du hast die Wahl: Das, was ist, vollkommen zu akzeptieren und dazu zu stehen. Anzunehmen, was ist. Oder du sträubst dich dagegen. Doch das bedeutet: leiden. Verändern kann sich dadurch nichts. Im Gegenteil. Es schadet dir und du schwächst dein Immunsystem und wirst anfälliger für Krankheiten. Bleibst in der Opferrolle.

Tu dir einen Gefallen und wehre dich nicht länger gegen die Realität. Geh mit dem Leben, verändere die Realität oder akzeptiere sie.

CHANGE IT – VERÄNDERE ES

Überlege, was sich verändern müsste, damit die Situation für dich akzeptabel wird. Was genau müsste sich verändern? Was braucht es dazu? Wer könnte dir behilflich sein?

Schreibe konkret die Dinge auf ein Blatt Papier, die du verändern musst, damit die Lage für dich wieder passt

Komm in Aktion. Gedanken und Wünsche bringen dich nicht weiter, wenn du sie nicht in die Tat umsetzt. Starte los.

LEAVE IT – VERLASSE ES

Scheinen die Veränderungen unmöglich und ist keine Besserung in Sicht, dann heißt es: Verlasse die Situation. Es bringt nichts zu verharren in Gegebenheiten, die dich ständig runterziehen. Guten Morgen! Aufwachen! Du lebst nur einmal. Es ist deine kostbare Zeit und das Leben ist ein Genuss und keine Plackerei.

Ich gebe zu, dass der erste Schritt schwer ist und manchmal auch schmerzhaft. Doch auf lange Sicht 1000 Mal besser, als in einer Situation auszuharren, die nicht verändert werden kann. Geh weg und du bekommst Freiheit geschenkt.

In der Praxis ist es oft schwierig, eine Entscheidung zu treffen. Zu viele Faktoren hängen mit einem Wechsel zusammen. Der leichtere Weg ist, sich aus Lust und Liebe dafür zu entscheiden, und nicht, weil der Schmerz schon zu groß ist. Wir an unsere mentalen und körperlichen Grenzen gehen.

Das betrifft Entscheidungen in allen Lebensbereichen: Partnerschaft, Wohnort, Job, Geld.

Aus Freude einen Weg einzuschlagen, aus Leidenschaft und Liebe, das ist es, was uns glücklich und zufrieden macht. Das lässt uns gesund 86 Jahre alt werden.

Wenn wir jeden Tag als Neubeginn sehen und wir uns neu entscheiden können, dann wird uns diese Lebenseinstellung erfüllen. Auch wenn das Leben kein Spaziergang auf ausgetretenen Pfaden ist, sondern eine Expedition ins Unbekannte, die oft genug völlig andere Richtungen einschlägt. Nicht immer lässt sich Neuland auf geraden Wegen betreten. Das macht den Reiz und die Spannung des Abenteuers Leben aus. Nicht wahr?

NIMM DEINEN RUCKSACK

Zufriedenheit

Gerade im Herbst, zu Beginn der kalten Jahreszeit, sind wir anfälliger für Grippeviren, da unser Immunsystem geschwächt ist. Uns fehlt die Sonne. Jeder Tag Grau in Grau. Unsere Laune richtet sich nach dem Wetter und wir sind schlecht drauf. Unmotiviert. Deprimiert.

Um unser inneres Feuer zu entfachen, das uns wärmt und gegen Kälte schützt, hilft die Tummo-Meditation. Eine traditionelle tibetische Technik, die im 11. Jahrhundert schriftlich festgehalten wurde. Durch gezielte Atmungs- und Visualisierungstechniken wird in uns Hitze erzeugt. Herbert Benson, Direktor vom Benson-Henry-Institut und Professor an der Fakultät in Harvard, hat die Tummo-Meditation über 20 Jahre lang studiert und erforscht. Unter anderem untersuchte er Mönche, die spärlich gekleidet in eiskalten Umgebungen meditierten. Er fand heraus, dass durch diese Meditationstechnik tatsächlich die eigene Körpertemperatur um über acht Grad Celsius erhöht werden konnte.

Ich nutze diese Technik, um mich von innen zu stärken. Sobald ich merke, dass ich krank werden könnte, eine Verspannung loswerden will oder einfach nur, wenn ich meine Gedanken stoppen möchte. Hilfreich ist sie auch, wenn man kalte Hände oder Füße hat. Einmal half mir das auf einem Berg, als ich glaubte, dass meine Finger gleich erfrieren würden.

Wenn du Meditationsanfänger bist, rate ich dir ab, die Tummo-Meditation gleich in der Kälte zu versuchen. Wer unvorbereitet in der Frische meditiert, riskiert eine Unterkühlung. Übe deshalb vorher im Haus. Mit etwas Training kannst du es schnell überall praktizieren. Ich gebe dir eine Schritt-für-Schritt-Anleitung, wie du die Tummo-Meditation auch als Anfänger ohne großes Risiko erlernen kannst.

TUMMO-MEDITATION

1. Suche dir eine bequeme Sitzposition, setze dich aufrecht hin und schließe deine Augen. Vorzugsweise im Lotus- oder Schneidersitz.

2. Lege deine beiden Hände übereinander auf den Nabel.

3. Stell dir vor, dass von deinem Kopf bis zum Nabel zwei dicke Kanäle sind. Sie sind hohl, als wären sie leere Rohre.

4. Schau deinen ganzen Körper an. Er ist vollkommen leer, wie ein Luftballon. Keine Organe. Kein Innenleben. Nichts. Ein leerer Raum.

5. Stell dir vor, dass du das Licht der Sonne tief in deinen Bauch einatmest, und fühle, wie die Luft durch die zwei Kanäle in den Bauchnabel fließt. Dort, wo dein Atem zusammenkommt, befindet sich ein kleiner, sehr warmer Lichtball. Siehst du die Farben? Gelb. Orange. Rot. Dein Atem zündet diesen Feuerball an, macht ihn heißer.

6. Konzentriere dich auf den Ball. Verändere seine Form und reichere ihn mit deiner Energie an, mache die Flammen größer. Halte deinen Atem bei diesem Ball für etwa zehn bis 15 Sekunden an. Beobachte, wie sich dein Körper dabei erwärmt.

7. Beim Ausatmen lässt du die Luft und die Energie, die du beim Feuerball gesammelt hast, los. Fühle, wie das Feuer durch deinen Körper tost und dich reinigt. Dabei alle Blockaden und negativen Gedanken verbrennt. Es bleibt eine angenehme Hitze, die du jetzt in jene Körperteile lenken kannst, wo du Heilung brauchst. Etwa in die verspannte rechte Schulter oder in die Nebenhöhlen, um den Schnupfen zu lösen.

8. Wiederhole die Übung. Zu Beginn empfehle ich diese Technik nur etwa 5 Minuten zu praktizieren. Bist du damit vertrauter, kannst du sie nach deinen Bedürfnissen anpassen.

TIPP:

Bist du schon fortgeschritten, kannst du diese Übung noch weiter ausbauen. Ziehe dir nasse Kleidungsstücke an, dusche mit kühlem Wasser oder wähle eine kalte Umgebung. Versuche deinen Körper gezielt zu erwärmen. Taste dich Schritt für Schritt heran.

Wenn ich mich in Meditationen versenke, spüre ich meist Zufriedenheit und Wärme. Ein Zuhausesein. Ankommen. Das Gefühl der Leichtigkeit zu bekommen, gelingt mir natürlich auch nicht immer. Manchmal sind meine Gedanken zu laut und ich tue mir schwer beim Fokussieren auf den Atem. Ich sage mir, dass ich mich jetzt nur auf das Ein- und Ausatmen konzentriere und an nichts anderes denken mag. Das klappt oft nur kurz, dann denke ich schon wieder nach über eine Unterhaltung, einen gelesenen Artikel oder suche nach Lösungen für ein Problem, das ich gerade habe. Da darf man sich ruhig selbst ermahnen. Stopp. Jetzt nicht. Jetzt ist atmen und entspannen dran.

Unser Verstand ist oft sehr hartnäckig und will einfach manchmal nicht zur Ruhe kommen. Er bockt. Da hilft nur eins: dranbleiben. Nicht aufgeben. Weitermachen.

Unser stärkster Muskel ist unser Wille.

Wie frei unser Wille tatsächlich ist oder ob wir einem Plan folgen, der außerhalb unserer Kontrolle liegt, beschäftigte Religionen von Beginn an. Auch die Philosophie versucht das Rätsel zu lösen. Fakt ist: kein Denken ohne Körper und Emotion. Wir, als Gesamtheit Mensch, einzeln und weltweit, spielen dabei eine Rolle. Denn alles hängt mit allem zusammen. Im Kleinen wie im Großen.

Vor einigen Monaten hatte ich einen Mann kennengelernt. Wir machten Nachtwanderungen, kletterten auf Berge und manchmal küssten wir uns dabei. Die Aktivitäten brachte uns zusammen. Auch wenn ich unsere gemeinsame Zeit sehr genoss, fühlte ich mich oft ausgelaugt. Zum einen körperlich, weil er ein gehobenes Tempo vorlegte und ich ihm ständig nachhetzte. So wollte ich ihm gefallen und sagte ihm nicht, dass es mir zu viel war. Zum anderen, weil ich mich oft durch seine Worte, Gesten und Taten abgelehnt fühlte. Ich hatte teilweise derart seelische Schmerzen, dass ich tagelang weinte und nicht wusste, was mit mir los war. Ich spürte ein Band, das mich zu ihm zog und gleichzeitig eine hohe Mauer zwischen uns. Zerrissen. So fühlte ich mich.

Ich zog mich zurück, schrieb in mein Gedankenwanderbuch und reflektierte. Fand heraus, dass ich sehr oft an meine alte Beziehung erinnert wurde, die mir tiefe emotionale Wunden bereitet hatte. Narben wurden wieder aufgerissen und ich sah alte Bilder von mir. Trauer. Leid. Schmerz.

Wir begegnen Menschen, ohne es geplant zu haben. Fühlen uns angezogen und wohlig. Je mehr sie uns vertraut sind, je mehr wir gemeinsam haben, desto verbundener fühlen wir uns. Dabei scannen wir nicht nur die Körperreaktionen unseres Gegenübers, sondern auch sein Wesen. Wie es auch die Delfine machen. Unterschiede und Gewohnheiten, die der Partner hat und wir nicht, fallen uns auf. Wir urteilen. Bewerten. Vergleichen. Wägen ab und treffen daraufhin eine Entscheidung, ob wir uns wiedersehen. Ist die Anziehung stark genug, wird es ein weiteres Treffen geben.

Gerade in Beziehungen mit anderen Menschen erleben wir emotionale Achterbahnfahrten und sind oft verwirrt. Sie können uns auslaugen und wir können uns verloren fühlen. Manchmal können wir nicht ohne einander und miteinander geht es oft auch nicht. Wie immer ist Kommunikation gefragt. Können wir über alles reden, uns zusammensetzen und sagen, was wir denken und fühlen und wie es uns geht, dann werden wir eine gemeinsame Zukunft haben.

Worte können heilsam sein. Worte können auch verletzen.

*Ein blauer Schmetterling flatterte an mir vorbei, den Pfad
entlang. Ich saß unter einem schattenspendenden Strauch
irgendwo am Jesus-Trail zwischen Nazareth und Kapernaum. Pause. Er lebte seine Freiheit in den Lüften. Ich auf der
Erde. Kein Muss, nur noch Darf. Ich war zufrieden. Legte
meine Hände hinter den Kopf, döste.*

Worte machen etwas mit uns. Vor allem das Wort: muss. Von
Kind auf hören wir, was wir alles müssen. Du musst beim Essen
still sein. Du musst die Zähne putzen. Du musst in der Schule
aufzeigen, wenn du was sagen willst. Du musst. Musst. Musst.

Unser Unterbewusstsein reagiert oft allergisch auf ein Muss.
Bei mir zwickt es sofort in meinem Bauch oder mein Magen
krampft. Wo spürst du ein Muss in deinem Körper?

Meist ist es so, dass wir uns ein Muss selbst einreden, da es uns
vertraut ist. Wir lernten das Muss, lebten danach und es hat
sich tief in unser Gehirn gefräst. Wie eine Rille in einer Schallplatte wurde es unsere Normalität.

Wir sind das, was wir glauben zu sein. Deshalb können wir uns
ständig umprogrammieren, unseren Wortschatz ändern und
das Muss aus unserem Sprachgebrauch entfernen. Aber nur das
Wort zu eliminieren, würde Leere bedeuten, und das funktioniert nicht.

Muss erzeugt Druck. Darf erzeugt Lust.

Ersetze das Muss durch ein Darf. Sage dir: Ich darf einen Kuchen
backen. Ich darf einkaufen fahren. Ich darf arbeiten gehen.

Seit ich das Muss aus meiner Sprache entfernt habe und durch ein Darf oder Soll ersetzt habe, lebe ich zufriedener und leichter. Das heißt nicht, dass ich es gar nicht mehr verwende. Manchmal muss ich halt aufs Klo.

Shakespeare sagte: »Es gibt nichts, was an sich gut oder schlecht wäre – erst das Denken macht es dazu.«

Das Gefühl der Zufriedenheit werden wir nicht immer fühlen können. Das wäre zu schön. Wir sind Menschen mit allen Gefühlen und aufgefordert mit allem, was im Außen so daherkommt, umzugehen. Es ist eine Chance für Wachstum.

FANG AN ZU LACHEN

Glück

Wie findet man das Glück, wenn man gerade mit Verlustängsten kämpft? Den Job verloren hat, Insolvenz anmelden musste oder der Partner sich getrennt hat. Wenn alles droht auseinanderzubrechen, kann ein emotionales Tief entstehen. Weltuntergangsstimmung.

In meinem Leben hatte ich schon oft mit Verlustängsten zu tun. Sie begleiten mich ständig. Auch jetzt, wo ich in einer sicheren Umgebung bin. Bei Menschen, die ich liebe. Manchmal spukt es in meinem Kopf und ich sehe, wie Menschen sich von mir trennen und andere Wege gehen. Von mir nichts mehr wissen wollen und mich allein lassen. Ein Gefühl der Einsamkeit entsteht.

»Jeder Verlust ist gleichzeitig ein großer Gewinn.« Dieser Satz wirkt gerade in Situationen, in denen die Welt sich zu schnell dreht, wie eine Lüge. Unwahr und nicht möglich. Wie kann etwas ein Gewinn sein, wenn doch so ein großer emotionaler und seelischer Schmerz entsteht. Sich eine Lücke auftut und das Leben gerade keinen Sinn mehr macht.

Ja, es ist nicht leicht aus diesem Gefühlschaos rauszukommen. Ein Geschenk darin zu sehen, dass Altes geht, damit Neues ins Leben kommen kann. Eine neue Freiheit gelebt werden kann. Nur halt anders.

Finden wir positive Eigenschaften, verankern wir das Gefühl in unseren Zellen, dann können wir es in die Zukunft übertragen. Denn wenn wir tief im Inneren gefangen bleiben, dann verlieren wir uns leicht und kommen nicht mehr vorwärts. Wir drohen dann im morastigen Sumpf unserer negativen Gefühlswelt zu versinken und eine Negativ-Pechsträhne verfolgt uns. Da entsteht dann schnell ein Abwärtsstrudel unserer Gedanken und Gefühle und wir können wenig Positives im Leben sehen.

Glück. Wo bist du, wenn du gebraucht wirst?

Es ist der 4. April 1994, halb sechs Uhr morgens. Gemeinsam mit einem Freund ist Thomas Geierspichler auf dem Rückweg aus einer Disco bei Anif in Salzburg. Er schnarcht auf dem Beifahrersitz. Sein Freund am Steuer kann nach dieser langen Nacht nicht mehr wachbleiben. Er verfehlt die Kurve, rast geradeaus weiter, gegen eine Mauer. KA-BOOOM. Es qualmt. Das Auto ist Schrott. Thomas erwacht, spürt über die Beine und den Unterleib bis zum Oberkörper ein Kribbeln. Dann fühlt er nichts mehr. Panik. »Bloß nicht in den Rollstuhl«, denkt er. Dann wird er ohnmächtig.

Stunden später erwacht er auf der Intensivstation. Sein Körper brennt wie Feuer.

Zwei Monate später erfährt Thomas, dass er nie wieder laufen können wird. Ein Leben im Rollstuhl. Er verlässt seine Freundin, flüchtet sich in Alkohol und Drogen.

Eines Tages erzählt ihm ein Weggefährte in einer Kneipe von Gott. Er fängt an zu beten, zu glauben und liest die

Bibel. Bekommt Power und beginnt mit Liegestützen und Hanteltraining. Liest. Betet.

Wenige Wochen später lernt Thomas einen Rollstuhlfahrer kennen und schnuppert in ein Trainingscamp. Er fängt an zu trainieren. Kraftübungen im Kuhstall. Er setzt sich Ziele. Thomas sammelt Titel und Rekorde bei den Paralympics und bei Welt- und Europameisterschaften.

Alles ist möglich für den, der glaubt, wird zu seinem Lebensmotto. Nichts ist unmöglich.

Wie unglaublich stark wir Menschen sind, wenn wir entdeckt haben, dass es etwas Größeres gibt als uns. Unser Ego. Unseren Verstand. Gott. ES. Das höhere Selbst.

Vom Unglück ins Glück durch Willenskraft. Trotz Schicksalsschlag ein glücklicheres Leben führen. Was für eine Leistung und was für ein Vorbild.

Ich hatte keinen so schlimmen Verlust, und doch hat es mich voll getroffen. Ich durchlebte ein Höllental und fand mein Leben zum Wegschmeißen, nicht mehr lebenswert. Ich setzte Zeichen, um mich endlich zu erlösen. Damit ich das Unglück, den Schmerz, das Leid, all die negativen Gefühle nicht mehr ertragen muss.

Heute kann ich sagen: Gott sei Dank, und das ist nicht einfach so dahergeplappert. Ich habe mich rechtzeitig anders entschieden und bin umgedreht. Seit dieser Erfahrung kann ich viele Menschen unterstützen und die Erde als ein Paradies sehen. Als einen Spielplatz voller Abenteuer. Voller Glücksgefühle. Leichtigkeit. Liebe.

Die Suche nach dem Glück hat die Menschen schon immer angetrieben. In unserer modernen Gesellschaft ist sie zum Lebensinhalt geworden. Wir reisen um die Welt, wandern zur Einkehr den Jakobsweg, nehmen Drogen, machen Yoga, spielen Lotto, schauen Pornos, suchen die Liebe und nähren eine Industrie von Beratern, die versprechen, bei der Suche zu helfen. Eine Sehnsucht, die niemals gestillt wird. Mit Glück haben sich schon große Philosophen beschäftigt, unter anderem: Aristoteles, Konfuzius, Epiktet, Schopenhauer, Freud, Nietzsche, Rilke.

Träume, die in deinen Tiefen wallen,
aus dem Dunkel lass sie alle los.
Wie Fontänen sind sie, und sie fallen
lichter und in Liederintervallen
ihren Schalen wieder in den Schoß.

Und ich weiß jetzt: wie die Kinder werde.
Alle Angst ist nur ein Anbeginn;
aber ohne Ende ist die Erde,
und das Bangen ist nur die Gebärde,
und die Sehnsucht ist ihr Sinn.

_ Rainer Maria Rilke

Wir alle wollen glücklich sein und suchen oft verzweifelt im Außen unser Glück. Daher gibt es auch seit einigen Jahren die Glücksforschung als eigene Disziplin. Die Erasmus Universität

Rotterdam sammelt Tausende wissenschaftliche Arbeiten und Forschungsergebnisse in der *World Database of Happiness* der Weltdatenbank des Glücks. Und in der amerikanischen Verfassung wird sogar in der Unabhängigkeitserklärung von 1794 festgehalten, dass der Mensch ein Recht darauf hat, ein glückliches Leben zu führen. Ein Menschenrecht, das jedem Erdenbewohner gebührt.

Ich hatte das Glück und durfte auf meiner siebzehnmonatigen Reise vier Monate auf der Insel La Gomera verbringen. Dort begegnete ich Dirk, einem 82-jährigen Auswanderer aus Deutschland. Wir philosophierten über Gott und die Welt. Von Bitcoin über Tantramassagen bis zu den tiefen Verletzungen aus unserer Kindheit. In unseren stundenlangen Gesprächen hatte alles Platz. An einem sonnigen Nachmittag, als wir gemeinsam von dem Berg, wo wir in einem kleinen Dorf Unterkunft gefunden hatten, ans Meer marschierten, blieb er bei einem Frangipani-Baum stehen. Pflückte eine der weiß-gelblichen fünfblättrigen Blüten, roch daran und hielt sie mir unter die Nase. Ein sanfter, fruchtig-cremiger Duft, wie ein Pfirsich mit einem Hauch von Vanille, durchströmte meine Nase. Er legte die Blüte sanft auf seine Handfläche und sagte: »Nicht im Außen findest du dein Glück. Hier«, er zeigte auf die Blütenmitte, »in dir findest du dein Glück.«

Sehr oft denke ich an die Wegbegegnung mit Dirk. Er hat mir gezeigt, wo das Glück zu finden ist und dass es nicht unbedingt viel braucht, um glücklich zu sein.

Weniger Verantwortung ist mehr an Freiheit.

Gerade wenn wir uns zu viel Verantwortung aufbürden, die Wolke der Verantwortung sich über die Sonne der Freiheit schiebt, kann es sein, dass wir gefühlt weniger Luft zum Atmen bekommen. Die Verantwortung kann uns den Raum zur Entfaltung nehmen, um unsere Unabhängigkeit zu leben und unseren freien Willen, der uns allen gegeben wurde. Statt Glücksgefühlen erleben wir vermehrt Ärger oder andere negative Emotionen.

In jeder Minute, die man mit Ärger verbringt,
versäumt man 60 glückliche Sekunden.

_ William Sommerset Maugham

Glück kommt nicht allein. Da sind sich Forscher einig. Damit wir uns glücklich fühlen, müssen wir etwas tun. Glück ist nicht nur eine Frage des Zufalls oder Schicksals, es hat mit unseren Bemühungen und dem Wollen zu tun. Glück ist ein körperliches Gefühl, das unseren ganzen Körper durchströmt, von Kopf bis Fuß, und jeder kennt es, der schon mal verliebt war, als Kind unterm Weihnachtsbaum die Geschenke ausgepackt hat oder sein Baby zum ersten Mal im Arm hatte. Ein Verlangen wird gestillt. Körpereigene Botenstoffe wie Dopamin, Serotonin und Endorphine werden ausgeschüttet und ein Hochgefühl entsteht.

Glücklich sein heißt: unsere Wahrnehmung und Denkweise ändern. Denn die Quelle versiegt wieder und wir müssen laufend auffüllen, um glücklich zu sein. Allein oder gemeinsam mit anderen. Das Glück will gefunden werden. Anders gesagt: Wir müssen es suchen.

HAPPYTIME

AUSRÜSTUNG:

- ein A3-Blatt Papier
- bunte Stifte, Sticker, farbige Zettelchen, Kleber

WEGWEISER:

1. Gehe an einen Ort, wo du dich wohl fühlst. Inspiriert wirst. Ein Kaffeehaus. Dein Wohnzimmer. Ein Platz im Garten. Vielleicht möchtest du Musik hören, eine Duftkerze anzünden oder was Leckeres zum Knabbern bereitstellen.

2. Schreibe auf, was für Tätigkeiten, welche Personen oder Tiere, welche Orte dir Glücksgefühle geben. Wo und wobei kannst du dich auffüllen? Soll jemand Bestimmter an deiner Seite sein oder bist du lieber allein? Gestalte dein individuelles Glücksboard. Frei nach deinen derzeitigen Gedanken und Gefühlen.

   Hänge das Glücksboard auf oder halte es griffbereit, sodass du es immer sehen kannst. Vor allem dann, wenn du das Glück gerade nicht greifen kannst. Verloren glaubst. Das Board lebt mit dir. Also darf es sich verändern. Gestalte es jederzeit nach Lust und Laune um.

Menschen, die ein abwechslungsreiches Leben führen und sich auf neue Herausforderungen einlassen, haben gute Chancen, im Leben viele Glücksmomente zu sammeln. Auch Menschen, die so oft wie möglich das Gefühl der Dankbarkeit in sich spüren.

Dankbarkeit ist der Schlüssel zum Glück.

GEHE LOS –
DU BIST DAS LEBEN

Leichtigkeit

Kaum ist etwas passiert, wird ein Schuldiger gesucht. Man will denjenigen ausfindig machen, der sich nicht an die Regeln gehalten hat und aus seiner eigenen Wahrnehmung heraus anders reagierte.

Warum brauchen wir ständig einen Schuldigen? Jemanden, auf den wir mit dem Finger hinzeigen können. Er war's. Er hat's getan. Er ist der Täter. Ich war in meinem Leben schon Opfer und auch Täter. Oder anders gesagt: Verfolger und Retter. Nicht falsch verstehen, ich habe keine großen Verbrechen begangen. Als Kind habe ich Geld vom Sparschwein meiner Schwester geklaut, wobei der große Reiz darin lang, ob es mir gelang, die Münzen aus dem kleinen Schlitz herauszufischen. Ich habe einer Schulkollegin in der Hauptschule gesagt, dass sie zu fett ist, um über den Turnbock zu springen. Umgekehrt habe auch ich einstecken müssen und Nachbarjungs haben mir meine Mütze weggenommen und mit Kuhmist befüllt zurückgeschmissen. Mein Ex-Freund hat mir laufend gesagt, dass ich zu dumm und ungeschickt für Handwerkssachen bin.

Wurde ich früher als Täter sozusagen an den Pranger gestellt, stritt ich meist alles ab. Gleich zugeben, dass ich daran beteiligt war, konnte ich nicht. Das war Selbstschutz. Ich wollte oder brauchte sogar den Konflikt. Suchte danach, um irgendwo anzuecken und negative Energie zurückzubekommen. Bestraft zu werden und Prügel zu erhalten, war ich als Kind gewohnt.

Als Kind fühlte ich mich oft machtlos. Ausgeliefert. Als Opfer.

Zuerst der Herr, dann der Hund, war beim Essen das Motto und der Schöpflöffel wurde zu meinem Vater gedreht.

Das ist nur eine von vielen Episoden aus meiner Kindheit, die mich härter machen sollten und die ich heute als Geschenk empfinde. Sie machten mich zu der Person, die ich heute bin.

Das Leben fordert uns laufend heraus. Zu wachsen. Zu lernen. Das wird nie vorbei sein. Auch wenn wir glauben, wir haben schon so viel geheilt und aufgearbeitet. Prompt tut sich das nächste Thema auf.

Wenn es noch nicht gut ist, dann ist es nicht zu Ende.

Du kannst liegen bleiben und aufgeben, oder wieder aufstehen und gestärkt aus der Situation hervorgehen. Natürlich kostet das Kraft und ist anstrengend, aber es ist ein Geschenk, und das dürfen wir darin erkennen. Wir dürfen annehmen und dankbar dafür sein. Dann loslassen, lachen und losgehen. Denke daran, das Liegenbleiben und Jammern kostet genau so viel Kraft und Zeit, wie aufstehen und dein Leben zu rocken. Dein Leben ist als Freude gedacht. Zum Genießen und Spaßhaben.

Gewisse Phasen in unserem Leben wollen uns nur testen. Damit wir die Selbstverantwortung übernehmen und in die Selbstliebe kommen. Fühlten wir uns als Kind schon vermehrt als ein

Opfer, so lebten wir im Erwachsenendasein erst recht das Opfer. Hatten wir ein schlechtes Männerbild und lernten nie einem Mann zu vertrauen, der uns Sicherheit und Geborgenheit geben konnte, dann zogen wir genau diese an und landeten in einer toxischen Beziehung. Da durfte ich auch meine Erfahrungen sammeln. Als ich alle Schuld auf mich nahm. Auch wenn offensichtlich war, dass ich nichts dafürkonnte. Ich nahm die Verantwortung auf mich, wenn der Reis anbrannte, obwohl ich den gar nicht auf den Herd gestellt hatte. Ich war schuld, wenn das Klopapier alle war oder das Auto nicht betankt. Ich fühlte mich in der Haftung, denn ich sah alles als meine Aufgaben an. Als wenn ich es vergeigt hätte, als mein Versehen und meine Schlampigkeit. Je mehr passierte, desto kleiner und ärmer fühlte ich mich. Meine Partner spiegelten mir das mit Worten und Taten. Ich schluckte es runter, wehrte mich nicht. Redete nicht. Akzeptierte.

Zwischen den Spielern gelten Regeln der Rollenerwartung. Es sind immer wieder diese Erwartungen, die wir an andere haben, die für Konflikte sorgen. Weil wir ein bestimmtes Weltbild in uns haben. Wie es zu sein hat und womit wir uns wohlfühlen. Das uns vertraut ist.

Ohren hören das, was das Gehirn erwartet. Das hat ein Forscherteam der TU Dresden in einer Studie zum Hörsinn belegt. Geräusche werden entsprechend der Erwartungen wiedergegeben. Was wir erwarten, prägt unsere Wahrnehmung und unsere Umgebung. Unser Gehirn erstellt laufend Vorhersagen, was passieren könnte und wie wir die Welt mit unseren Sinnen sehen, riechen, hören und fühlen wollen.

Denke an deine Lieblingsspeise. Lasagne. Pizza. Kaiserschmarrn. Du hast eine gewisse Vorstellung, wie sie auszusehen, zu schmecken und zu riechen hat. Wenn du dein Lieblingsgericht in einem Restaurant bestellst, hast du genau diese Erwartung und tritt es nicht ein, weil ein anderes Gewürz verwendet oder eine Zutat weggelassen wurde, dann bist du enttäuscht. Deine Sinne gleichen deine Erwartung mit der Realität ab.

Mit Worten ist es genauso. Der sogenannte Framing-Effekt. Botschaften, die unterschiedlich formuliert werden, bei gleichem Inhalt, beeinflussen das Verhalten des Empfängers andersartig. Und schon können Konflikte entstehen und Meinungsverschiedenheiten auftreten.

Kommunikation, vor allem gewaltfreies Reden, ist herausfordernd. Auch wenn ich mich schon viele Jahre damit beschäftigt habe, fällt es mir in manchen Situationen total schwer, mich auszudrücken und das Gewünschte auf den Punkt zu bringen. Gerade in einer Partnerschaft, wo viele Gefühle mitspielen. Oft liegt es daran, dass wir die Klarheit nicht haben und im Moment nicht wissen, was wir tatsächlich wollen. Dann kommen auch noch unsere Bedürfnisse und Sehnsüchte hinzu. Ein Durcheinander entsteht. Das macht es auch so schwer sich mitzuteilen, geschweige denn aus ungesunden Beziehungen auszusteigen.

Der Vater meiner Freundin Melitta war Alkoholiker. Im Rausch, also mindestens vier Mal die Woche, schlug er ihre Mutter. Oft so stark, dass sie blutete. Ganz abgesehen von den seelischen Wunden, aus denen Narben wurden. Melitta lehnte ihren Vater ab, Alkohol war für sie der Anfang allen Übels. Deshalb durften auch ihre Partner keinen Schluck Alkohol trinken.

Wir alle werden irgendwo auf dem Planeten geboren und wachsen auf mit Lernaufgaben. Niemand hatte eine makellose, permanent wunderschöne Kindheit. Manche Menschen haben sehr viel Leid und Schmerz erfahren. Andere wiederum hatten bewusstere Eltern, die ihnen mehr Verbundenheit und Liebe mitgaben. Das, was wir als Kind sehen, übernehmen wir oder lehnen es komplett ab und verteufeln es. Machen genau das Gegenteil. Je nachdem, wie unsere Beziehung zu unseren Erziehungsberechtigten ist.

Hast du das Gefühl, dass du immer wieder die gleichen Menschen oder auch Situationen anziehst, die dir dann nicht guttun?

ÜBUNG – LET-IT-SHINE

Mache dir bewusst, was du ausstrahlst. Wen und was du in dein Leben ziehst. Wofür du resonanzfähig bist.

Alles, was in unser Leben kommt, haben wir auch angezogen. Bewusst oder unterbewusst durch unsere Prägungen.

Erst wenn wir unsere Kindheit aufräumen, die Muster in uns entdecken und transformieren, werden wir Menschen ins Leben locken, die zu unseren neuen Glaubenssätzen passen. Wir finden Frieden. Können unseren Peinigern vergeben und sehen das Geschenk dieser Erfahrung. Leichtigkeit und Dankbarkeit durchflutet unser Leben.

Ich stand in meinem gelben Beduinenkleid auf einem Hügel. Die Sonne strahlte mich an. Der Nil war in ein rotgelbes Licht getaucht. Ein Schiff fuhr auf dem Wasser. Ich war in den Süden nach Assuan weitergereist. Auf der Strecke hatte ich mir die Pyramiden von Gizeh, das Tal der Könige und mehrere Tempel angeschaut. Ich empfand das Reisen in Ägypten als anstrengend. Die Mentalität, mir ständig etwas verkaufen oder mich kennenlernen zu wollen, forderte mich. Geld oder Heirat. Ich vermisste die Wärme, Herzlichkeit und Gastfreundschaft. Wenn ich auch nette Begegnungen hatte.

Ich setzte mich auf einen Stein, schaute der untergehenden Sonne zu.

Meine Freude war mir etwas abhandengekommen. Ich lachte nicht mehr so viel. Das war mir aufgefallen. Die vergangenen Wochen war ich der Touristenroute gefolgt. Wenn ich weniger strahlte, ernster schaute, dann wurde ich mehr in Ruhe gelassen. Das schützte mich. »Nein, danke«, waren meine häufigsten Worte. Dazu kam, dass ich oft keinen Platz gefunden hatte, wo ich in Ruhe sein konnte. Nur für mich. Überall war es hektisch und laut gewesen. Ich vermisste das Gefühl der gelebten Schwerelosigkeit. Ich seufzte. Schaute dem Schiff zu, wie es am Ufer anlegte. »Ach, Andrea«, sagte ich mir. »Sei dankbar für das, was du Schönes erlebt hast.« Ich lächelte. Holte mir innere Bilder, sah mich wieder am Lagerfeuer mit den Beduinenfrauen

*sitzen und sticken. Spürte eine tiefe Dankbarkeit. Glück-
seligkeit. Ich schloss meine Lider, sog die warmen Sonnenstrahlen ein.*

*Den Augenblick leben. Den Moment genießen. Einfach nur
sein.*

*Ich war der Designer meines Lebens. Durfte meinen Weg
der Fülle gehen. Das war ein großes Geschenk. Mit allen
Schatten und Sonnenseiten.*

*Ich faltete meine Hände in meinem Schoß, atmete die letz-
ten Sonnenstrahlen für heute ein. Wärme breitete sich in
meinen Körper aus. Alle Anspannung wich von mir. Es gab
nur das Hier und Jetzt.*

Das Gefühl der Leichtigkeit, Dankbarkeit und Freiheit ist eine
hochfrequente Energie. Stell dir ein Glühwürmchen an einem
lauen Sommerabend vor. Es leuchtet von innen heraus. Fliegt in
ruhigen, kreisenden Bahnen und blinkt und blinkt und blinkt.

Am liebsten wollen wir dieses wunderbare, hell scheinende Gefühl lange aufrechterhalten und es nicht wieder verlieren. Doch
dazu dürfen wir ständig etwas tun. Glücksgefühle kommen
nicht von allein. Wir müssen uns laufend auffüllen.

Auf Reisen war es für mich kein Problem, meinen Glücksspeicher regelmäßig aufzufüllen. Ich konnte meine Energie sehr
hochschwingend halten. Erlebte ich doch viele Abenteuer und
hatte unzählige Herzenseinladungen. Außerdem lachte ich sehr
viel. Das Erforschen und Entdecken, das Einlassen auf andere

Menschen, Kulturen und Religionen machte mich unendlich glücklich. Ich liebte die Herausforderung, nicht zu wissen, was kommt. Auch bin ich sehr risikofreudig und lasse mich als offener Mensch gerne auf das Unbekannte ein.

Es gab schon einige Situationen, in denen ich mich unwohl fühlte. Gerade, wenn ich allein durch die Märkte in Ägypten schlenderte oder als ich beim religiösen Timkat-Fest in Gonder teilnahm. Massenveranstaltungen mag ich nicht so gerne. Auch ist es manchmal notwendig, dass wir uns eine Art Schutz aufbauen, damit wir uns sicher fühlen. Wir unsere Energie halten können und von außen nichts an uns herankommt. Etwa vor einer wichtigen Präsentation. Einer Verhandlung mit Menschen, mit denen wir im Streit sind und die uns Böses wollen. Vor Begegnungen mit Menschen, die uns unangenehm sind.

ÜBUNG – LEUCHTKRAFT

VISUALISIERUNG:

Stell dir eine hell leuchtende Lichtquelle vor, die auf dich und aus dir scheint. Fühle die Wärme auf deiner Haut. Sie durchströmt deinen ganzen Körper und du leuchtest.

AFFIRMATION:

Suche dir für die jeweilige Situation eine passende Affirmation. Beispiele: Ich fühle mit dir – für bewusste Manipulation, Wut etc. Nichts kann mir etwas anhaben – bei Massenveranstaltungen und Menschenansammlungen. Ich bin in voller Liebe – vor Verhandlungen.

Immer wieder ist es die Dankbarkeit, die wir viel mehr in unser Leben lassen dürfen. Sie ist für mich der Schlüssel zum Glück. Zur Seele. Zum Herzen.

Wenn wir als Letztes vor dem Schlafengehen einen Samen von Dankbarkeit pflanzen, dann erwachen wir mit Leichtigkeit. Unser Gehirn arbeitet in der Nacht und programmiert unsere Gedanken für den nächsten Tag.

ABENDROUTINE

1. DREI DINGE, FÜR DIE DU HEUTE DANKBAR BIST

Für welche drei Dinge bist du heute besonders dankbar? Ein Telefonat. Eine Umarmung. Einen Kaffee. Oft sind es ganz kleine Sachen. Hole dir das Bild in deinen Kopf und bedanke dich für den Augenblick.

2. WAS IST OFFEN?

Gibt es noch offene Themen, Arbeiten zu erledigen. Musst du jemandem etwas sagen. Schreibe alles auf oder lege es gedanklich in eine Schublade. Schließe die Lade. Es geht nichts verloren, hat Zeit bis morgen.

3. LÄCHLE

Im Alltag vergessen wir oft zu lächeln. Wem oder was könntest du ein Lächeln schenken? Hole dir ein Bild vor dein geistiges Auge und lächle es an.

GUTE-NACHT-GEBET

Du Geber aller Freude und allen Glücks. Du Sonne dieser Welt und der Welt, die kommt. Ich danke dir für jeden schönen Tag und jeden glücklichen Augenblick, für jede Stunde fröhlichen Schaffens, für alle meine Aufgaben, alle Begegnungen und Erfahrungen. Ich danke dir für dieses reiche Leben. Ich lege mich zur Ruhe in dich. So ruhe ich im Frieden. Segne du den kommenden Tag und lass mich erwachen, mein Werk zu tun. Dein Werk.

Alles, was wir regelmäßig machen, wird zur Gewohnheit. Manche sagen, es dauert 21 Tage. 30 Tage. 66 Tage. Fakt ist, dass wir alle einzigartig sind und es von vielen Faktoren abhängt, eine neue Gewohnheit zu trainieren. Einfache Dinge, zum Beispiel das Glas nach dem Trinken in den Geschirrspüler zu stellen, werden uns leichter fallen. Schwierigere oder komplexere Gewohnheiten wie regelmäßig Sport zu machen, zwei Mal täglich die Zähne mit Zahnseide zu putzen oder jeden Tag in ein Erfolgstagebuch zu schreiben, sind schon aufwendiger.

Es hängt auch davon ab, wie stark unsere alte Gewohnheit ist und wie lange wir sie schon leben. Wenn wir etwas seit der Kindheit über Jahre oder gar Jahrzehnte lang eingeübt haben, werden wir es selten schnell los. Das braucht Zeit. Junge Gewohnheiten lassen sich schneller verändern als alte und lange einstudierte. Außerdem braucht es dazu Disziplin, Willenskraft und Selbstkontrolle. Diese Fähigkeiten haben wir in unterschiedlichem Ausmaß vom Elternhaus mitbekommen. Auch ist die Motivation, das angestrebte Ziel wichtig. Was treibt uns tatsächlich an? Haben wir etwas schon oft ändern wollen und es nie geschafft, dann haben wir schon einige Enttäuschungen hinter uns. Wir glauben vielleicht nicht mehr dran, dass wir eine neue Routine jemals festlegen und einhalten können.

Leben wir immer dieselben Gedanken und dieselben Verhaltensweisen, werden die sogenannten neuronalen Straßen zu Autobahnen. Um neue Wege in unserem Gehirn entstehen zu lassen, gibt es zwei Möglichkeiten: beim Lernen neuer Informationen durch die Kraft der Wiederholung oder durch neue Erfahrungen.

Je öfter ein gleicher Vorgang wiederholt wird, desto tiefer die Spur. Mit jedem weiteren Mal geht es schneller, genauer und kraftvoller, weil es nicht mehr vom Bewusstsein gesteuert werden muss. Unser Unterbewusstsein übernimmt und der Autopilot wird aktiv. Wir brauchen nicht mehr zu überlegen, was empfunden, gedacht oder gesagt werden soll. Es wurde bereits zu unserer Normalität.

Dr. Joe Dispenza, Neurowissenschaftler, erklärt: »Da die meisten Menschen über weite Strecken ihres Lebens in derselben Umgebung leben, wo wenig Neues geschieht und sich kaum etwas verändert, reaktivieren die sich wiederholenden Reize immer wieder dieselben assoziativen neuronalen Netzwerke, die sich dadurch immer mehr konsolidieren. Durch den Mangel an neuen Erfahrungen verwurzeln sie sich immer tiefer in ihrer eigenen Welt. Kein Wunder, dass es dann so schwer ist, sich zu verändern.«

In meinem Leben sagte ich mir oft: Ich kann das nicht allein. Dazu brauche ich jemanden. Dafür erfand ich viele Erklärungen und Begründungen, die mir meine Überzeugung bestätigten: Weil ich so ungeschickt bin. Weil ich das Handwerken nicht gelernt hatte. Weil ich nicht weiß, ob das so passt. Ich hatte viele Selbstzweifel und war oft verunsichert. Man spricht dabei auch von der unbewussten Inkompetenz. Ich betete es mir vor, ohne darüber nachzudenken. Doch irgendwann hatte ich einen Aha-Moment und verstand, dass ich es auch allein schaffen konnte. Verstand, dass ich mir einredete, nichts ohne Hilfe hinzubekommen. Ein sogenannter Erleuchtungsmoment, denn es kam in mein Bewusstsein. Ich probierte es aus. Übte. Trainierte. Setzte es um. Wie in einem Fitnessstudio. Auch wenn es anstrengend war. Damit wurde es zu einem neuen Denkmuster und bald wurde es mein neues Normal. Als hätte ich mein Leben lang nie was anderes gemacht. Es fiel mir leicht, es fühlte sich an wie meine Natur und es passierte ohne Handbuch. Automatisch. Die neue Handlung wurde zur unbewussten Kompetenz.

Um neue synaptische Verbindungen und damit Erinnerungen entstehen zu lassen, ist unsere Aufmerksamkeit enorm wichtig. Den Fokus zu halten, kann mit Meditationen geschult werden. Auch wenn du Texte auswendig lernst, ist das ist eine gute Übung. Wie heißt es so schön: Probieren geht über Studieren.

Wie du siehst und vermutlich selbst weißt, gibt es viele Gründe, warum es schwierig ist, eine Routine, von der wir wissen, dass sie uns guttun wird, in unser Leben zu integrieren. Wenn wir Worte aussprechen, dann ist es ein Anfang. Doch wir müssen unser Vorhaben in unserem Körper, in all unseren Zellen, fühlen. Das passiert nur, wenn wir es tatsächlich wollen und genug Antrieb da ist.

Wenn ich etwas ändern möchte, setze ich mir Termine. So habe ich auch meine Morgen- und Abendroutine in meinem Kalender stehen und hake sie ab, wenn ich sie erledigt habe. Das gibt mir ein gutes Gefühl etwas gemacht zu haben und drangeblieben zu sein. Denn sieht man es nicht, gilt: aus den Augen, aus dem Sinn. Wie die guten Neujahrsvorsätze. Einmal im Gefühlstaumel ausgesprochen, veranlasse sie noch lange nicht zum Umsetzen.

Wir können die Fülle an Dingen, die wir ändern wollen, nicht alle gleichzeitig umsetzen. Geschweige denn, sie uns merken. Da dürfen wir priorisieren und uns auf das Wesentlichste beschränken.

Weniger ist oft mehr. Mehr an Lebensfreude. Leichtigkeit. Freiheit.

DEIN STRAHLEN IST DIR GARANTIERT

Fülle

In unserem Leben hier auf der Erde geht es nicht darum, jeden Tag zu hinterfragen und ständig zu orten, wo es für uns langgeht. Aber es gibt solche Tage, und die finde ich dann auch sehr wichtig. Gerade in kleinen Löchern oder Tiefs erkennen wir meist den Reichtum, den wir eigentlich haben. Wir bekommen eine andere Sichtweise auf das Ganze. Schon ist nicht mehr alles so schlimm.

Aus der festgefahrenen Umgebung wegzugehen, zu reisen, bringt uns immer einen anderen Blickwinkel. Oft schleicht sich ein Gefühl ein, dass nichts mehr passt. Das erlebte ich, als ich an diesem Buch schrieb. Mir fiel so richtig die Decke auf den Kopf. Ich fing an, alles nur noch negativ zu sehen und jede Unzulänglichkeit fiel mir auf. Die Räume waren unterschiedlich geheizt, der Warmwasserhahn in der Küche tröpfelte entweder oder war extrem heiß, der Abfluss im Bad war ständig verstopft. Es gibt viele Gründe, die einen auf die Palme bringen können.

Sicher, für alles gibt es Lösungen. Aber manchmal sind sie zu teuer, zu kompliziert oder zu aufwendig. Schnell mal umzuziehen, ist nicht immer möglich. Weil wir emotional gebunden sind, weil das Geld fehlt, weil sich auf die Schnelle keine gute Alternative findet. Das Leben stellt uns ständig vor Herausforderungen, aber man kann es auch anders ausdrücken: Wir sind aufgefordert das, was wir haben, wertzuschätzen. Die Fülle zu erkennen. Nicht nur das Negative zu suchen, sondern das, was besonders schön, besonders toll, besonders interessant ist.

ÜBUNG – BLICK-AUFS-POSITIVE

Denke an deine Unzufriedenheit, woran nörgelst du gerade herum? Was alles siehst du eher negativ? Wohnort. Job. Partner. Ausbildung. Was gefällt dir besonders gut? Was würdest du künftig vermissen? Die Kolleginnen, der Wald, die öffentliche Anbindung in die Stadt. Schreibe auf, was du alles positiv findest.

Wir Menschen sind schnell einmal im Jammertal. Können die Fülle, die wir im Leben haben, oft nicht mehr sehen. Mir hilft es da, an meine Reise im Sudan zu denken. Dort sind die Menschen sehr arm und doch leben sie ein Leben in Fülle.

Die Häuser waren aus Lehm. Grau. Ihre Türen bunt. Blau. Gelb. Rot. Einladend.

»Wie ausgestorben«, sagte ich zu meiner Weggefährtin Anna.

Sie stellte sich in den Schatten eines Baumes, schnaufte. »Es ist Mittag und irrsinnig heiß.«

Ich begutachtete ein Tongefäß, das an einer Hausmauer stand. Es sah aus wie ein großer Krug und war gefüllt mit

Wasser. Ein Junge trat aus der gelben Tür, schaute mich überrascht an.

»Hi«, sagte ich verlegen, als ob er mich gerade bei etwas Verbotenem erwischt hätte.

»Ferengi«, sagte er und strahlte übers Gesicht.

Ich hatte den Ausdruck schon oft gehört. Europäische Reisende werden so genannt. Als ich das Wort zum ersten Mal hörte, störte es mich. Fühlte mich in einen Topf mit allen anderen geworfen. Je öfter ich es aber zu hören bekam, desto mehr konnte ich mich damit anfreunden. Die Einheimischen sprachen dieses Ferengi meist mit großer Begeisterung aus, lächelten dabei. So kam es, dass ich mich freute, wenn sie mich so nannten. Es brachte ihnen Glücksgefühle, und damit auch mir.

»Das ist unser Trinkwasser«, sagte Mohammed und klopfte auf den Krug.

»Wir holen es aus dem Nil. Der Schlamm sackt ab, und dann schöpfen wir uns das Wasser heraus.« Er kratzte sich am Kopf. »Wir haben kein anderes Wasser. Wir leben in einer Wüste.«

Mohammed wollte, dass wir unbedingt mit ihm ins Haus seiner Familie mitkamen. Wir folgten seiner Aufforderung. Seine Mama, seine Schwester und ihre beiden Kinder kamen auf uns zu. »Willkommen.« So fühlte ich mich. Aufgenommen.

Sein Elternhaus war schlicht. Keine Möbel. Kein Komfort.
Wir durften uns auf das Metallgestell mit Matratze im
Innenhof setzen. Zur Begrüßung brachte uns seine Mama
einen Becher Nilwasser und getrocknete Datteln. Ich trank
nur einen kleinen Schluck. Wusste nicht, wie ich das Was-
ser vertrug. Die Schwester servierte uns hauchdünnes Brot
mit einer würzigen Tomatensauce und Reis.

»Für euch«, sagte Mohammed und setzte sich im Schneider-
sitz auf den Boden. Rollte einen Stein zu seiner Nichte.

Ich hatte viele solche Einladungen. Unzählige. Manchmal bekam ich ein schlechtes Gewissen, weil ich mir, im Vergleich gesehen, ein Leben in materiellem Reichtum leisten konnte und
in einem reichen Land geboren bin. Die Sudanesen nicht. Rückblickend lebte ich am Bauernhof bei meinen Eltern in Fülle. Ich
hatte immer ein warmes Dach über dem Kopf und gesundes Essen.

Das Einzige, was ich nicht bekam, war Nähe. Berührung. Anerkennung. Meine Eltern führen aus meiner Sicht eine Arbeits-
beziehung, keine Liebesbeziehung. Nie sah ich, dass sie sich
streichelten oder küssten. Geschweige denn sich liebe Worte
sagten. Es wurde nicht geredet, auch nicht gestritten. Nur über
die Arbeit am Hof gesprochen. Über uns Kinder, was wir nicht
gemacht hatten oder was wir angestellt hatten. Ich hörte nie:
Das hast du gut gemacht. Toll. Du bist so geschickt. Danke, dass
du mir Geschirr abtrocknen geholfen hast. Danke, dass du mir
im Garten geholfen hast. Ich hörte nur wenige liebevolle und
aufbauende Worte. Das gab es im Leben meiner Eltern nicht,
deshalb konnten sie es mir auch nicht weitergeben. Das habe ich

irgendwann verstanden. Doch dazu musste ich einen leidvollen Weg gehen. Mit viel Hass, Groll, Neid, Ärger, Schuld, Scham.

Irgendwann hatte ich den Mut, hinzuschauen: Wer ich wirklich bin. Was mich ausmacht. Wer mich geprägt hat. Und ich lernte, nicht in der Vergangenheit festzuhängen, sondern das mitzunehmen, was mir jetzt dienlich war, um meine Zukunft zu erschaffen.

Oft sind wir verhaftet im Mangeldenken. Sind im Grübeln, was uns fehlt, um ein glückliches und gesundes Leben haben zu können. Und schon lenken wir unsere Aufmerksamkeit darauf und sehen noch mehr Unzulänglichkeiten. Das kann uns ganz schön lähmen. Wir generieren in der Folge weiteren Mangel, denn Energie folgt immer der Aufmerksamkeit. Und damit verpassen wir es, uns eine Realität zu erschaffen, die wiederum von Fülle statt von Mangel geprägt wird.

Schwinge dich ein in die Frequenz der Wirklichkeit, die du anstrebst, und du wirst es in dein Leben bringen.

Unser Leben ist ein Produkt unseres eigenen Geistes. Wir können im Mangeldenken bleiben oder uns daranmachen, im Fülledenken zu leben. Daher finde ich es so wichtig, dass wir uns erlauben zu träumen und kreativ zu sein. Das, was wir haben, als Spielwiese zum Ausprobieren zu sehen. Uns selbst wieder als Kind aufleben zu lassen. Die Schönheiten sehen, hören, riechen, schmecken und fühlen können.

Dann sind wir die Designer im Leben. Erschaffen. Kreieren. Machen.

Treffen wir die bewusste Entscheidung, dass wir selbst für unser Leben verantwortlich sind, für das, was wir erfahren und erleben wollen, dann lenken wir mit unserem Geist die Materie. Dazu heißt es: innehalten. Visualisieren. Fühlen.

Ich gebe zu, dass es eine meiner größten Baustellen ist, Entscheidungen zu treffen. Das fällt mir echt schwer. Ich habe viele Ideen, bin sehr kreativ und finde schnell Lösungen. Doch bis ich eine Entscheidung treffe oder ins Tun komme, das dauert manchmal und in meinem Leben habe ich daher schon oft einen Zug verpasst.

Manche Entscheidungen darf man rasch treffen. Für andere kann man sich Zeit lassen, gut überlegen und abwägen.

Einige Techniken, um gute Entscheidungen zu treffen, habe ich bereits vorgestellt. Der Neige- oder Arm-Test mit der Unterstützung unserer Körperintelligenz (Seite 34 und 37). Eine Pro-und-Kontra-Liste. Was spricht für und was gegen eine Sache? Das verschafft einen Überblick.

Eine weitere Möglichkeit ist die Visualisierung von Entscheidungen. Forscher vom Max-Planck-Institut haben herausgefunden, dass Menschen durch ihre Vorstellungskraft Dinge ebenso erleben können wie in Wirklichkeit und dass sie durch das Vorgestellte genauso lernen wie durch tatsächlich Erlebtes. Das kann uns dabei unterstützen, Entscheidungen zu treffen oder Risiken zu vermeiden. Während die Teilnehmer der Studie im MRT-Scanner lagen, stellten sie sich vor, wie sie mit einer geliebten Person an einem neutralen Ort Zeit verbrachten. Danach zeigte sich, dass die Studienteilnehmer ihre Einstellung gegenüber den Orten verändert hatten und sie mochten sie lieber als vorher. Das liegt daran, dass wir den emotionalen Wert, den die Person für uns besitzt, auf den Ort übertragen. Dabei müssen wir das Ganze nicht real erlebt haben. Es reichen unsere Vorstellungskraft und unsere Fantasie.

Sind wir allerdings zu angespannt, können wir uns keine lebendigen Bilder in den Kopf holen und unsere störenden Gedanken nicht ausschalten. Zuerst dürfen wir das Gefühl der Überwachung abbauen. Zum Beispiel mit der Gehmeditation (Seite 167).

Als Vorbereitung ist es hilfreich, wenn du die vielen Auswahlmöglichkeiten auf drei herunterbrichst. Ich nehme jetzt den Bereich Ausbildungen. Oft ist es so, dass aufgrund der hohen Kosten gleich etwas wegfällt oder auch wegen der Dauer und ungünstigen Zeiten. Nimm die drei für dich im Moment interessantesten und schreibe sie dir auf ein Blatt Papier oder merke sie dir so detailliert wie möglich.

»Stell dir vor«, sagte Kleopatra, »du schaust durch ein Fernglas. Siehst das Ziel. Dein Vorhaben. Dann schau dich an. Wo stehst du gerade? Dann lachst du. Das ist das Wichtigste überhaupt. Jetzt geh los. Du bist unterwegs zu deinem Ziel. Was siehst du? Hörst du? Riechst du? Welche Gefühle kommen dir? Wie fühlt sich das im Körper an?« Kleopatra saß aufrecht auf einer Bank, rümpfte die Nase. »Wenn du Schwierigkeiten hast oder gar kein Ziel visualisieren kannst, dann wird es wohl nicht das Richtige sein. Deine Wanderung soll Spaß machen und du sollst problemlos eintreffen.«

»Klingt logisch«, sagte ich mir. Nickte.

Ich war in Israel unterwegs auf dem Jesus-Trail, hatte
Noam kennengelernt und war ziemlich erschöpft. Ich sah
drei mögliche Wege: Bleiben, weitergehen oder abbrechen?
Konnte tun, was ich wollte. Es gab viele Möglichkeiten, aber
nur eine unmittelbare Erfahrung. Ich musste mich auf meine intuitiven Botschaften verlassen. Den Impulsen folgen,
die ich empfing.

Erstens: Ich sah, wie Noam im Garten Unkraut jätete und
ich in den Kissen lag. Sein Hund Jack bellte. Der Wind blies
mir eine Strähne ins Gesicht. Ich strich sie mir hinter das
Ohr, setze mich auf und trank einen Schluck Wasser. Lehnte mich wieder zurück und lächelte Noam an, der mich an-
schaute. Ein warmes Gefühl breitete sich in mir aus, aber
ich fühlte keine Erfüllung. Eher eine Prise Traurigkeit.

Zweitens: Ich saß im biblischen Dorf auf meinem Ruck-
sack. Angekommen am Ziel. Stellte mir vor, dass ich tolle
Begegnungen hatte und im See den Schweiß der letzten
Tage abwusch. Mein Herz machte Freudensprünge. Jubelte.
Ich hatte mein Vorhaben durchgezogen. Das machte mich
zufrieden.

Drittens: Abbrechen und in eine neue Richtung gehen. Den
Trail nicht fertigmachen, da ich gerade abgekämpft war
und es mir hier bequem gemacht hatte. Da sah ich keine
Bilder. Wohin sollte ich gehen? Ich schüttelte den Kopf. Das
passte gar nicht.

»Mimimi«, sagte ich zu Kleopatra und kletterte aus dem
Schlafsack. »Das klingt so einfach. Ist es aber nicht.« Ich

hatte mich entschieden. Wenn mir die Wahl auch schwer-
gefallen war, und legte ein Shirt zusammen.

Eine Imagination kannst du dir wie eine Zeitreise in die Zukunft vorstellen. Bei der Imagination für Entscheidungsfindung geht es darum, festzustellen, wie leicht dir der Weg zum Ziel fällt und ob du das Ziel erreichst. Erscheint es uns ganz leicht, sehen wir schöne Bilder und fühlen uns wohl im Körper, dann steigt unser Energielevel an. Wir fühlen uns inspiriert, diesen Weg einzuschlagen. Fällt es uns schwer oder stellt sich gar keine Visualisierung ein, krampft vielleicht unser Magen oder zieht es in unserem Bauch, dann wird es wahrscheinlich nicht der richtige Weg für uns sein. Wir dürfen unserem Körpergefühl vertrauen, aber auch unseren Verstand zur Prüfung einschalten. Beachte stets, dass Imaginationen eine Momentaufnahme darstellen.

FERNGLASMETHODE

1. Suche dir einen Platz, wo du dich wohlfühlst. Setze oder lege dich gemütlich hin. Brauchst du es wärmer? Dann nimm dir eine Decke. Vielleicht magst du auch einen speziellen Duft? Musik hören? Wenn ich imaginiere, achte ich darauf, dass mein Magen leer ist, ich aber auch nicht hungrig bin. Sonst ist meine Energie im Bauch, nicht im Geist und ich fühle mich zappelig.

2. Schließe deine Augen. Denke an dein erstes Entscheidungsziel. Das kannst du dir vorstellen, als ob du durch ein Fernglas schaust und dein Ziel direkt anschaust. So als hättest du es schon erreicht. Es ist ganz nahe. Greifbar. Realistisch.

3. Jetzt schau auf dich. Wo bist du gerade? Nimm den Geruch wahr. Die Geräusche. Lächle.

4. Stell dir vor, dass du jetzt losgehst, um dein Ziel zu erreichen. Du machst den ersten Schritt. Den zweiten Schritt. Den dritten. Was siehst du? Hörst du? Riechst du? Fühlst du? Macht es dir Freude? Strahlst du oder spürst du ein Zwicken im Bauch? Was nimmst du auf deinem Weg wahr? Welche Gedanken kommen dir? Was sagt dir dein Körper?

5. Mach eine kleine Pause. Atme ein Mal tief ein und aus.

6. Gehe weiter an dein Ziel. Kommst du an? Wie fühlt es sich an?

Wenn du geübter bist, kannst du gleich die nächsten Wege imaginieren. Ansonsten mach eine Pause. Gehe einige Schritte und trinke Wasser. Das verbindet dich mit dir und du wirst wieder klarer.

SCHLUSSWORT

*Am Ende wird alles gut! Und wenn es noch nicht gut ist,
ist es noch nicht das Ende.*

— Oscar Wilde

Die Wellen rollen sanft an den Strand, umspülen meine in den Sand gegrabenen Zehen. Ich hole tief Luft, nehme meinen Erdbeer-Mango-Shake und nuckle am Strohhalm.

Heute ist mein Geburtstag.

Ich stelle den Becher in den Sand, drehe ihn einige Male hin und her, damit er sicher steht, und lege mich auf mein Handtuch. Mit geschlossenen Augen greife ich in meine Tasche, um mir meinen Sonnenhut herauszuholen, und lege ihn mir auf mein Gesicht.

»Traumhaft«, sage ich mir. »Eine Geburtstagsparty der anderen Art. Ich allein auf der Insel La Gomera. Wer hätte das einmal gedacht?« Strecke meine Hände auf die Seite und lasse den Sand durch meine Finger rieseln.

»Du erschaffst dir dein Leben«, höre ich da meine innere Stimme rufen. »Ich gratuliere dir. Applaus. Applaus.«

Ja, genau, denke ich mir, ich habe es mir selbst so ausgesucht. Ich nicke und der Hut rutscht mir vom Kopf. Ich nehme ihn in die Hand, setze mich auf und stülpe ihn mir wieder auf meinem Kopf.

Das Wasser hat sich zurückgezogen und umkreist nicht mehr meine Füße. Ebbe. Der Kreislauf der Natur. Der Mond und die Sonne bestimmen die Gezeiten und somit auch unser menschliches Leben.

Im Augenblick lebe ich ein geniales Leben. Genauso, wie ich es mir vorher in Gedanken und Gefühlen vorgestellt hatte. Alles hat wunderbar korreliert und schon ist es in mein Leben gekommen. Und doch ist da ein Anflug von: Alleinsein.

Ich schau mich am Strand um. Drei Pärchen plantschen im Meer, zwei Kinder bauen eine Sandburg und ein Opa wirft seinem Hund ein Stöckchen zu. Mein Brustkorb fühlt sich eng an und eine Sehnsucht nach Gemeinsamkeit dehnt sich aus. Ich seufze. »Ach, Andrea«, sage ich mir. »Denke an deinen prall gefüllten Werkzeugkoffer. Du bist niemals allein. Du weißt, wie du gesund und fit noch viele weitere Geburtstage feiern wirst. Bis zu deinem 86er und noch lange darüber hinaus.«

Ich grinse. Nehme einen Schluck von meinem Drink, greife in meine Tasche und hole mein Gedankenwanderbuch.

»Jetzt wird gefeiert«, jubele ich mir zu und drücke auf meinen Kugelschreiber. Bereit für meine Ideen.

»Wer sind meine heutigen Geburtstagsgäste? Mit wem mag ich meinen Tag verbringen?« Ich schau aufs Meer.

»Da ist einmal die Motivation«, sage ich mir, »die ist mein Ehrengast.« Ohne sie geht gar nichts im Leben. Ich schreibe es in mein Buch.

»Wen will ich noch einladen?«, überlege ich. »Genau, den Mut.«
Ich nicke. Ja, unbedingt. Mut braucht man im Leben immer. No-
tiere es, ziehe einen Kreis um das Wort und male Striche weg,
sodass es aussieht wie eine Sonne.

»Der Verstand muss mit dabei sein«, denke ich und runzle meine
Stirn.

»Oder? Braucht es den wirklich?«

Ich knabbere am Kugelschreiber, schau einem Sturmtaucher
zu, wie er seine Flügel ausbreitet und aus dem Wasser abhebt.

»Klar braucht es mich«, meldet sich da Kleo zu Wort. Meine
Verstandsstimme, die mich immer begleitet. In guten wie in
schlechten Zeiten.

Ich lächle. »Ja, du bist wichtig. Auch wenn du oft nervst. Das
habe ich schon auf meiner Reise von Israel, Jordanien, Ägypten,
Sudan nach Äthiopien festgestellt.« Male ein Gehirn in mein
Buch mit einer Kleopatra-Perücke.

Und auf einmal trudeln sie nur so ein, meine Gäste. Dankbarkeit, Lebensfreude, Ausdauer, Liebe, Geduld, Gelassenheit, Freiheit, Friede, Vertrauen … alle da. Der Strand füllt sich, zuletzt
kommen noch Begeisterung und Happiness dazu und werden
begrüßt wie Superstars.

Ich bin zufrieden. Stehe auf, strecke meine Hände in die Luft
und tänzle ins Wasser, bis ich im Meer abtauche.

Was für ein genialer Geburtstag. Was für ein einzigartiges Leben. Danke an die Schöpfung, die alles möglich macht.

Für mich ist das Leben kein Spaziergang auf ausgetretenen Pfaden, sondern eine Expedition ins Unbekannte, die oft genug in völlig andere Richtungen geht als gedacht. Neuland lässt sich nicht auf geraden Wegen betreten. Das macht den Reiz und die Spannung des Abenteuers Leben aus.

Wir können das Abenteuer Leben lieben oder verteufeln. Oft bringt es uns schmerzhafte Erfahrungen und nicht immer ist alles Sonnenschein. Auch der Schatten gehört zum Leben. Doch es liegt immer an uns, an unserer Einstellung und Sichtweise, ob wir die Geschenke annehmen können. Daher habe ich dieses Buch geschrieben. Damit dir dein Weg leichter fällt. Gerade in Krisenzeiten, bei Schicksalsschlägen und Orientierungslosigkeit.

Das Außen kann nicht kontrolliert werden, auch wenn wir das oft glauben mögen. Unser Verstand suggeriert uns das, um sich in Sicherheit zu wiegen und das Risiko zu minimieren, dass uns etwas passieren wird oder wir sogar sterben könnten.

Wachstum passiert nicht, indem wir zuhause auf der Couch sitzen, vor uns hinammeln und die Welt aus dem Fernseher kennenlernen. Wachstum geschieht, wenn wir rausgehen, Menschen uns spiegeln und wir durch Begegnungen lernen und reflektieren. Wenn wir Neues entdecken und erforschen. Uns Wissen aneignen und das mit Überzeugung in die Welt tragen. Damit generieren wir einen Mehrwert in dieser Welt und tragen dazu bei, eine schönere und liebevollere Welt zu erschaffen.

Dazu brauchen wir nicht die gesamte Menschheit retten. Es reicht, wenn wir uns kennen und lieben lernen, uns Tools und Techniken aneignen, die uns in schwierigen Situationen weitergehen lassen. Und es gehört auch dazu, dass wir unsere Grenzen kennen und professionelle Unterstützung annehmen, wenn es allein nicht mehr weitergeht. Hilfe anzunehmen ist ein Zeichen der Stärke. Denn wir müssen nicht alles alleine machen. Der Glaubenssatz: Ich kann alles alleine, sonst bin ich schwach, darf transformiert werden. Auch der beste Zahnarzt braucht für die Wurzelbehandlung seiner Zähne einen Kollegen.

Schauen wir zuerst auf uns und tun uns etwas Gutes, dann hat das auch Auswirkungen auf unser Umfeld, das sich dadurch verändern wird. Alles zieht Kreise. Wie ein Stein, den du in den See plumpsen lässt. Sei dir dieser Veränderung bewusst und freue dich, was noch alles Spannendes in dein Leben kommen wird.

Auf dich und dein Leben. Happy Birthday! Du bist ein Wunder. Ein Geschenk für diese Welt. Danke für dein Sein.

Lass dich nicht unterkriegen;
sei frech und wild und wunderbar.

_ Pippi Langstrumpf

ÜBER DIE AUTORIN

Andrea Ensmann ist Autorin, Vortragende und Trainerin. Sie begleitet Menschen dabei, damit sie sich an ihre innere Kraft erinnern und ihre Ängste in Mut umwandeln.

Sie wuchs auf einem Biobauernhof in Göstling/Ybbs auf und lebt heute in Kremsmünster.

Als begeisterte Schneeschuh- und Wanderführerin ist Andrea es gewohnt, immer wieder neue Wege zu gehen, die Schönheit der Natur zu sehen, zu hören, zu riechen, zu fühlen, zu schmecken und das Wissen mit Interessierten zu teilen.

Seit fast zehn Jahren beschäftigt sie sich intensiv mit Persönlichkeitsentwicklung, Spiritualität und der glücklichen Lebensführung. Andrea hat einen Abschluss als Diplomierte Neuromental-Resilienz-Achtsamkeits-Entspannungs-Trainerin sowie Kinesiologin und absolvierte einen MBA an der Donau Universität Krems.

Den Mutigen gehört das Lebensglück, ist ihr Motto und auch der Titel ihres Romans.

Mehr Informationen unter:
www.andreaensmann.com

AWAKE, SMILE AND WALK ON

LITERATUR

Cannon B. Walter, »Wisdom of the body«, W. W. Norton and Company, Inc.; Rev. and Enl. Ed Auflage (17. April 1963)

Dispenza Joe (2018): Schöpfer der Wirklichkeit. Der Mensch und sein Gehirn – Wunderwerk der Evolution. Koha-Verlag.

Hogarth, Robin M. und Reutskaja, Elena, Satisfaction in choice as a function of the number of alternatives: When *goods satiate* but *bads escalate*, (31.Mai 2006)

Larry Cahill contributed by James L. McGaugh, »Amygdala activity at encoding correlated with long-term, free recall of emotional information«, PNAS, 23 Juli 1996, www.pnas.org/content/93/15/8016.short (abgerufen am 14. Oktober 2020)

Traumforschung, https://www.planet-wissen.de/gesellschaft/schlaf/traeume/traeume-traumforschung-100.html (abgerufen am 16.Oktober 2020)

ERSTER TEIL

Anselm Grün: Morgen- und Abendgebete, Vier Türme, 2013, 3. Auflage

Jeremy R. Manning, Sean M. Polyn, Gordon H. Baltuch, Brian Litt, and Michael J. Kahana, »Oscillatory patterns in temporal lobe reveal context reinstatement during memory search«, PNAS, 7 Juli 2011, https://www.pnas.org/content/early/2011/07/06/1015174108.abstract (abgerufen am 25. Oktober 2020)

Hüther Gerald (2015): Die Macht der inneren Bilder. Wie Visionen das Gehirn, den Menschen und die Welt verändern. Vandenhoeck & Ruprecht GmbH & Co.KG.

Interview Dr. Henning Beck, »Warum wir wieder mehr mit der Hand schreiben sollten«, Forschung & Lehre, 04.02.2020, https://www.forschung-und-lehre.de/forschung/warum-wir-wieder-mehr- mit-der-hand-schreiben-sollten-2504/ (abgerufen am 24. Februar 2021)

ZWEITER TEIL

Spitzer, Manfred (2002). Lernen. Gehirnforschung und die Schule des Lebens. Heidelberg: Spektrum Akademischer Verlag.

Timothy D. Wilson, David A. Reinhard, Erin C. Westgate, Daniel T. Gilbert, Nicole Ellerbeck, Cheryl Hahn, Casey L. Brown, Adi Shaked, »Just Think: The Challenges of the Disengaged Mind«, Science, 4 Juli 2014, https://science.sciencemag.org/content/345/6192/75 (abgerufen am 8. November 2020)

Klaus Evertz, Janus Ludwig, Rupert Linder (2020). Handbook of Prenatal and Perinatal Psychology. Springer International Publishing.

Naomi I. Eisenberger, Matthew D. Liebermann, Kipling D. Williams, »Does Rejection Hurt? An fMRI Study of Social Exclusion«, Science, 10 Oktober 2003, http://www.sciencemag.org/cgi/content/full/302/5643/290 (abgerufen am 12. November 2020)

Carsten Obel, Morten Hedegaard, Tine Brink Henriksen, Niels Jorgen, »Stressful life events in pregnancy and head circumference at birth«, Developement Medicine & Child Neurology, 13. Februar 2007, https://onlinelibrary.wiley.com/doi/abs/10.1111/j.1469-8749.2003.tb00894.x (abgerufen 13. November 2020)

Lipton, Bruce H. (2016). Intelligente Zellen. Wie Erfahrungen unsere Gene steuern. KOHA Verlag.

Joseph Firth, John Torous, Brendon Stubbs, Josh A. Firth, Genevieve Z. Steiner, Lee Smith, Mario Alvarez-Jimenez, John Gleeson, Davy Vancampfort, Christopher J. Armitage, Jerome Sarris, »The online brain: how the Internet may be changing our cognition«, World Psychiatry Association, 06. Mai 2019, https://onlinelibrary.wiley.com/doi/abs/10.1002/wps.20617 (abgerufen 17. November 2020)

DRITTER TEIL

Bauer, Walter (2016). Warum ich fühle, was du fühlst. Intuitive Kommunikation und das Geheimnis der Spiegelneuronen. Heyne Verlag.

Kast, Verena (2016). Der Schatten in uns. Die subversive Lebenskraft. Patmos Verlag.

Hölzel BK, Carmody J, Vangel M, Congleton C, Yerramsetti SM, Gard T, Lazar SW, »Mindfullness practice leads to increases in regional brain gray matter density«, Psychiatry Research, 30. Jänner 2011, Psychiatry Res. 2011 Jan 30; 191(1): 36–43. (abgerufen 27. November 2020)

Kosfeld Michael, Heinrichs Markus, Zak Paul J., Fischbacher Urs, Fehr Ernst, »Oxytocin increases trust in humans«, Nature, 2. Juni 2005, https://www.nature.com/articles/nature03701 (abgerufen 6. Dezember 2020)

Kaplan Jonas T. Gimbel Sarah I., Harris Sam, »Neural correlates of maintaining one's political beliefs in the face of counterevidence«, Nature 23. Dezember 2016, https://www.nature.com/articles/srep39589 (abgerufen 9. Dezember 2020)

Lutz Antoine, Creischar Lawrence L., Rawlings Nancy B., Ricard Matthieu, Davidson Richard J., »Long-term meditators self-induce high-amplitude gamma synchrony during mental practice«, Proceedings oft the National Academy of Sciences, 16. November 2016, https://www.pnas.org/content/101/46/16369 (abgerufen 10. Dezember 2020)

Taggart Frankie, »This Buddhist Monk Is The World's Happiest Man«, Business Insider, 5. November 2012, https://www.businessinsider.com/how-scientists-figured-out-who-the-worlds-happiest-man-is-2012-11?r=DE&IR=T (abgerufen 10. Dezember 2020)

Lipton Bruce H. (2018). Der Honeymoon Effekt. Liebe geht durch die Zellen. KOHA-Verlag.

VIERTER TEIL

Singer Wolf, Ricard Matthieu (2008). Hirnforschung und Meditation: Ein Dialog. Suhrkamp Verlag.

Singer Wolf, Ricard Matthieu (2017). Jenseits des Selbst: Dialoge zwischen einem Hirnforscher und einem buddhistischen Mönch. Suhrkamp Verlag.

Over Harriet, Carpenter Malinda, Spears Russell, Gattis Merideth, »Children Selectively Trust Individuals Who Have Imitated Them«, Social Development, 11. März 2013,

Lazar Sara W., Bush George, Gollub Randy L., Fricchione Gregory L., Khalsa Gurucharan, Benson Herbert »Functional brain mapping oft he relaxation response and meditation«, NeuroReport, 15. Mai 2000, https://journals.lww.com/neuroreport/Abstract/2000/05150/Functional_brain_mapping_of_the_relaxation.42.aspx (abgerufen 11. Jänner 2021)

Tabas Alejandro, Mihai Glad, Kiebel Stefan, Trampel Robert, Von Kriegstein Katharina, »Abstract rules drive adaptation in the subcortical sensory pathway«, eLife, 8. Dezember 2020, https://elifesciences.org/articles/64501 (abgerufen 16. Jänner 2021)

Benoit Roland G., Paulus Philipp C., Schacter Daniel L., »Forming attitudes via neural activity supporting affective episodic simulations«, Nature Communications, 17. Mai 2019, https://www.nature.com/articles/s41467-019-09961-w (abgerufen 19. Jänner 2021)

Platz für Notizen

Florence Scovel Shinn
Das Lebensspiel und seine Regeln

Das geheime Tor zu Fortschritt und Erfolg Die Kraft des gesprochenen Wortes Dein Wort ist dein Zauberstab

Unser Leben funktioniert nach bestimmten Regeln. Wenn wir sie beachten, dann geht es uns gut. Dann kann das Spiel des Lebens erfolgreich gespielt werden. Oft lässt es uns gewinnen, manchmal verlieren. Dann und wann muss man auch ein Patt in Kauf nehmen. Die Kunst ist, bei all dem heiter und gelassen zu bleiben und zu einem neuen Menschen zu werden, für den nichts unmöglich ist.

ISBN 978-3-99025-027-3

Ulla Janascheck
Zeitweberin

Die Heilkraft magischer Wege

Die Zeitweberin ist unterwegs auf ihrer Reise durch das Lebensrad. Gefahr droht. Die alte Zeit stirbt, die neue ist noch nicht gewoben. Verwirrung bricht aus. Mächtige Kräfte kämpfen und entwerfen irrige Wege.

Durch zu viel Fremdes verlieren die Menschen das Vertrauen in ihre Träume. Der Webstuhl steht still. Die Zeit bewegt sich nicht weiter. Zeit zum Innehalten: Fragen suchen Antworten und werfen die Leser auf sich selbst zurück.

ISBN 978-3-99025-445-5

READ
GLOBAL
BUY
LOCAL

Erhältlich im gut sortierten Buchhandel.
www.freya.at www.freya-verlag.de